基督教文化研究丛书

主编 何光沪 高师宁

九编 第18册

传真道于中国
——赫士及华北神学院百年纪念文集（第三册）

刘平、赵曰北 主编

花木兰文化事业有限公司

国家图书馆出版品预行编目资料

传真道于中国——赫士及华北神学院百年纪念文集（第三册）
／刘平、赵曰北 主编 -- 初版 -- 新北市：花木兰文化事业有限公司，2023〔民 112〕
262 面；19×26 公分
（基督教文化研究丛书 九编 第 18 册）
ISBN 978-626-344-233-7（精装）
1.CST：神学教育 2.CST：文集 3.CST：中国
240.8 111021875

ISBN-978-626-344-233-7
9786263442337

基督教文化研究丛书
九编 第十八册 ISBN：978-626-344-233-7

传真道于中国
——赫士及华北神学院百年纪念文集（第三册）

本册主编 刘平、赵曰北
主　　编 何光沪、高师宁
执行主编 张　欣
企　　划 北京师范大学基督教文艺研究中心
总 编 辑 杜洁祥
副总编辑 杨嘉乐
编辑主任 许郁翎
编　　辑 张雅淋、潘玟静　美术编辑 陈逸婷
出　　版 花木兰文化事业有限公司
发 行 人 高小娟
联络地址 台湾 235 新北市中和区中安街七二号十三楼
电话：02-2923-1455 ／传真：02-2923-1452
网　　址 http://www.huamulan.tw 信箱 service@huamulans.com
印　　刷 普罗文化出版广告事业
初　　版 2023 年 3 月
定　　价 九编 20 册（精装）新台币 56,000 元

传真道于中国

——赫士及华北神学院百年纪念文集（第三册）

刘平、赵曰北 主编

第三辑　赫士著作选

耶穌實錄講義

EXPOSITORY LIFE OF CHRIST

西歷一千九百十二年

耶穌實錄講義

青州神道學堂撰

PRINTED AT THE UNIVERSITY PRESS
WEIHSIEN, SHANTUNG.

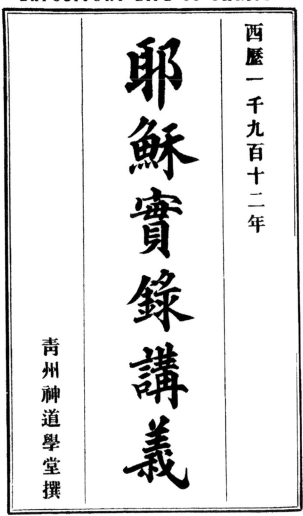

ENGLISH PREFACE.

FIRST EDITION.

In the preparation of this work the present need of the Chinese pastor as a student of the Word and a teacher of the native church has been kept steadily in view. The Gospel record has been taken at its face value, and stress has been laid on the lessons which it teaches instead of on theories concerning the Virgin birth, the Resurrection of our Lord, or the derivation of the Gospels themselves. More attention than usual has been given to the discourses of Christ, as in this we find His answer to the popular misunderstanding of His Mission; the clue to much of what is not manifest on the surface of the narrative; and also the truth which He desired to teach.

In the vexed question of harmonizing the four records, dependence has been placed mainly on Riddle, Andrews, Burton, and Edersheim. All have their difficulties.

The present edition being merely tentative, and it being impossible to attend in person to the correction of the proofs, small typographical errors are to be expected. Suggestions as to the treatment of the subject itself will be heartily welcomed.

As to authorities, Andrews (1894) and Edersheim have been used the most: Bruce, Trench, and Morgan have been freely consulted in the parts to which they have given special attention. Others, as Davis, David Smith, Ryle, William Smith, and Rhees have been consulted; the latter especially in preparing the introductory chapter.

W. M. HAYES.

Tsingchowfu, Shantung.
May 22nd. 1911.

SECOND EDITION.

During the past four months the following treatise has been gone over carefully in class, references recollated, wrong characters corrected, and every statement carefully examined.

Tsingchowfu,
Jan. 8th, 1912.

序

耶穌言行求道之人所當詳爲研究者也歷年來屢有編譯成書其已刋者如基督實錄基督本紀耶穌終身大略等皆足顯救主之事功惟披覽之餘未饜鄙意光緒壬寅秋忝列濰邑牧範之班得聆　赫老夫子講授耶穌言行心始豁然凡諸同學莫不稱羨蓋　夫子主登郡文會館時已用以教及門者也茲復於教授之暇朝考夕究不遑假寐搜羅名家著作詳加考證按部就班遇有同屬一事言人人殊者則備錄其說以資取擇閱時既久爰即平日心得彙輯一編名曰耶穌實錄講義嗣光緒甲辰冬　夫子又主靑郡神道學堂牧範館講席計授是書者前後凡二次每次必

詳加淘汰精益求精願讀是書者手新約一編詳爲參證則愈能受是書之益也客歲冬延營陵臧君魯齋任東里之職余叮屬門下適今春得有餘暇忝司校閱書成予不揣固陋謹述巓末以冠篇首云

歲在辛亥四月既望弟子劉思義謹識

耶穌實錄講義目錄

耶穌實錄弁言

第一段　耶穌首三十年之行述

第二段　自主受洗至第一逾越節

第四段　自第二逾越節至第三逾越節

第五段　自第三逾越節至構廬節

第六段　自構廬節至主離以法蓮城

第七段　自主離以法蓮至末次入耶路撒冷

第八段　自主入耶路撒冷至其升天

耶穌實錄弁言

一節

耶穌降生時聖地之景況○基督降生時、迦南雖屬羅馬、然不受羅馬直接之管理權、蓋彼時希律爲猶太王、已三十有三載、得握加利利之權者、已閱四十二年、惟行作大事、始請命羅馬皇、聽其節制。希律之爲人、暴虐無道、（見本書十六節）使民敢怒而不敢言、然得終於其位。遺留猶太撒馬利亞以東三處地權、其長子亞基老襲職、繼承王位、遺命以加利利比利亞歸次子安提帕爲分封王、但羅馬皇亞古士督僅認亞基老爲三地之分封王、而安提帕則得如希律之遺命。安提帕喜愛繁華、大興土木、於加利利湖濱、建造提比利亞城爲京都、以所治之民、多猶太族。故外守猶太之儀文、內充羅馬羣神之邪說。復急烈成性、驕逸居心、其休妻而納弟婦、不德已可概見、緣此又殺無辜之約翰、忍心害理、何可勝道。總之、安提帕爲一狡猾之惡人、絀於才略、優於奸慝、耶穌之稱爲狐狸、良有以也。○其異母兄弟腓力爲加利利湖北一帶之分封王、以民多異族、故彼絕無奉教之儀文、直崇羣神之邪拜。建築該撒利亞腓力比爲都城、（意謂腓力之該撒利亞也）又建湖北之百賽大城、以羅馬皇公主之名名之、曰百賽大猶力亞、其媚上之心、於此可見、然於其昆季三人中、惟此差勝一籌。之三子者、皆無其父大希律之才略者也。

二節

猶太爲羅馬之屬省○三分封王之歷史要事無多、腓力死於主升天後三年、安提帕則於主升天後九

年革職、其地全歸希律亞基帕（使徒史記五十三節）亞基老於主降生後六年、（眞數二年見本書十九節）已被革職充軍。蓋
猶太人與安提帕腓力皆告其不法、因而所治之猶太撒馬利亞及以東皆變爲羅馬之二等屬省。嗣後
皇帝常自羅馬世家中、派立方伯、駐節猶太、代行大權。在初二十年、所派之方伯、歷史少有記載、故無從
稽攷。至提庇留於主後二十六年、派彼拉多爲方伯、其歷史較詳。彼拉多於訊問吾主之事、視史官約色
弗所記之常規、更顯人情。然爲懼皇帝而曲徇國民、亦非居官之正式。（見本書二百零一節至二百零四節）後撒馬利亞
人、以惑於謠傳、攜諸兵械、上基利心山、求摩西埋葬帳幕之器具、彼拉多以兵圍之、殺戮多人。撒馬利亞
人赴訴於叙利亞總督、因而彼拉多坐罪、於主後三十六年、革職充軍。
三節 猶太之刑政〇猶太之內政、方伯有參預權、惟一切小事、歸各地方紳士會自理、大事則由其七十一人
大會審定。至刑殺命案、須方伯親行問擬。加利利之治權、悉歸安提帕掌握、而七十一人大會、亦極有勢
燄、以衆人皆欽服耶路撒冷大會。卽散居之猶太人、亦莫不然也。
四節 撒都該人〇基督在世時、猶太人率分二大派、卽撒都該、法利賽是也。撒都該人、人數雖少、而上流社會
居多、且家多殷實、行重文雅、稱爲國中之貴族。據衆啦吡之說。主前三百年、有撒都者、創立此派、故祟之
者、稱爲撒都該人。恐此爲設想之說、礙難徵信。或謂撒都該之名、起於所羅門時、祭司長撒督、（督亦作都）此

五節

說較爲近是。撒都族之族長、世代相襲、而爲祭司長、直至瑪喀比人奮興猶太國。彼時祭司長隨從外族人、輕侮眞道。羣視其不稱厥職、故瑪喀比諸君、自爲祭司長、而仍服從撒都族者、卽稱撒都該人、至希律掌權時代、祭司長之位、又歸於舊派、直至聖殿被滅爲止。○至其信仰之道、信有　神而不信有天使、且謂身與靈、死則同歸滅亡、故不服復活之說。其論律例、當守摩西五經、而不守遺傳、此其大別於法利賽人者。既不服遺傳、則由其個人自解聖經。又不服天命之說、故以爲禍福無不自己求之者。總之、彼等多順風行舟之見、無所持定之道也。

法利賽人○法利賽人之來歷、及其名義、人不確知、其名之始見於書者、約在主前百有二十年。其義或謂分離之意、據彼等之見解、屬　神之人、當分離異教之汚穢、故云然也。至其來歷、法利賽人、卽瑪喀比人崛起時代、熱心舊律者之後人、原爲猶太種之眞實以色列人也。惟因重視儀文、漸失其道旨、故其守律例也、重外行而輕內義焉。又有摩西之律未明言之處、庸人相時度勢、不知其義何居、因而多就正於道學之士。彼等所決議者、漸成遺傳、世代相沿、愈久愈多、彙成專門之學、故至主降生時、有諸多文士、或稱律法師、自稱爲以色列之先生、爲學習解析遺傳、若輩於民中大有聞望、如主所言、”爾文士坐於摩西之位、“爲人所尊敬。職此之故、撒都該人、雖掌握大權、然屢屢曲循文士之願、人常稱之爲啦吡、或啦

六節

啵呢、義卽吾老師、或吾儕老師也。彼等因重視舊例、如以律法將　神遮蔽、蓋謂　神之旨意、全表彰於此、無微不至、以爲人若遵守條例、卽必得救。守遺傳之規矩、視守道旨、尤爲緊要。故對於內心之惡、良心有時發現、亦易棄之不顧也。作事恆不問與　神之聖潔良善、是否相符、但求與遺傳無礙足矣。甚至人之行爲、雖明知不合　神之本意、如能曲爲解之、與遺傳相合、卽爲無誤。(見馬可七章論各耳板說)此外面潔淨、內心汚穢、爲主所深惡而痛絕者也。然彼黨亦不無眞心求道之人、如保羅與尼哥底母。是亦信天使、復活、審判之說、以故較撒都該人、信從主道爲易。於使徒行傳中、未記有一撒都該人入教、然於主復活之後、法利賽之信道者、不乏其人(使14:5)。至於國政、據彼謂　耶和華爲其主、此外不宜有他王。然恪守律例、亦隱行其奉　耶和華爲王之意、故刑政之權、雖假之希律與羅馬人之手、若無礙於民敬　神之規、彼等亦自服從也。(如此行之亦卽隨機應變之派)

追樂特派及章戒派〇道理與法利賽人略同者、更有二小派。其一名追樂特派、Zealots 又名迦南派、(使徒中有一西門原屬此派)熱心遵守舊例、最不服猶太國受外人之轄、望得機戰勝羅馬而脫其軛、可謂之猶太人之自立會守舊黨。此派於大希律死之前數年、初次出現、於亞基老革職之後、有加利利之猶大(使5:37)、率民叛逆、與羅馬交戰、其緣起亦由於追樂特派也。此派與法利賽人之區別、在其於　神之外、決不服有他王也。其二名章戒派 Essenes 其人多居於死海之西偏、然名城大鎭各有其侶、伴多力於農業、共和度日。比之法利賽人、守律尤嚴、視饔飧與獻祭同重、故其食也、先沐浴而更白衣、食物爲一等如祭司者所備。雖敬禮摩西、然不服獻牲爲祭物之說、足不登聖殿之門、亦有時致送禮物。雖守猶太教宗、又近希臘古時皮特勾利派、Pythagoreans 朝日一出、即行拜之、出恭小解、謹避太陽、"見約色弗史記"免獲罪 神之榮光。其論靈魂、靈之在身、如囚之在獄、而死則靈魂出監也。婚配雖人生必需之事、然多視守童身爲尤貴。其爲人也、衣食儉樸、性情公義、作事尙殷勤、臨財嚴取與、幾無所用夫錢幣也者。新約所以未言及之者、或以彼等既不信約翰悔改之道、更不信救主贖罪之理耳。

七節

猶太民族、其教事禮節、多受法利賽人之範圍、而人守禮節之熱誠、視工夫與道心爲高下、故其行爲、自不一致也。有人雖敬文士、仍存愛 神之心、雖守律法、亦不恃己功、乃恃 神之應許、望恩得救。此等人中、有如撒加利亞、以利沙伯、西面、亞拏、約瑟、馬利亞、及聞約翰講道而眞悔改之人也。

希律黨及撒馬利亞人○新約言及希律黨、據其名義、乃隨從希律家一黨之人（太22:16。可3:16 12:13）。或謂若輩、有如希律愛希利尼之風俗、故有此名。或謂若輩願國權存之希律家中、故有此名、果爾、其又與法利賽人和合、不知屬何說也。蓋法利賽人最恨希律。或以爲此黨、雖不喜希律家之所爲、然寄國權於此、猶勝入於羅馬人之手、如此尚有自立之外表、法利賽人亦願自立、因而相黨相合、此說亦爲有理也。（）撒馬利亞人所居之地、在猶太與加利利之中、爲國體中之一大刺。其來歷見於列王紀下十七章二十四至四十一節．迨猶太人自巴比倫回國、其人願與猶太人共和、重修聖殿（以4：2）．猶太人首領、不允其請、以其人爲混合種、且非純一敬拜　耶和華也。嗣後撒馬利亞人與猶太人不睦（尼4：1－2）、久而於基利心山自立聖殿。於使徒時、是族有多人入教。時至今日、仍有其遺民、男女約有一百五十之譜、牢守舊規、而居撒馬利亞故地。其信守之經、有如撒都該人專信摩西五經。經字爲瑪喀比人時之文體、不效近日希百來字之文體、故此則謂之古式。不知爲分國時存鈔之稿耶．抑主前七百年、祭司遺存之稿耶（王下17：27－28）．或撒馬利亞人造聖殿時、（主前約三百年）所得來之聖經也。想第三說、尤爲近是、其爲古經之稿、無疑義矣、雖爲古稿、亦不足恃、蓋多有其人私改之處也。

耶穌實錄講義

第一段　耶穌首三十年之行述

本書改正繙譯皆照官話和合繙譯

一節　撒加利亞與以利沙伯之稽攷（路1:5—7）。觀歷代志畧上卷二十四章一至十九節所載、而知大衛原將祭司分作二十四班。又觀是書九章二十五節、知每班皆按次各任職一星期。則年內計凡二次進殿事　神。各任職司既有尊卑之殊、故必拈鬮掣籤、設法而定其職、以免爭端。其第一尊貴之職、卽在聖殿香壇焚香。此香之焚、每人多止一次、故又必拈鬮掣籤而定其人。在基督降生前二年、時約近秋分、第八班任此職、而香壇焚香之尊榮、遂及於撒加利亞。夫掣籤分職、雖假人爲、實由　神定（箴16:33）、至撒加利亞與以利沙伯所以得作爲主開路者之父母、可觀路加一章六節所云。金壇獻祭每日二次卽午前九點午後三點也撒加利亞之見異像伊氏日當在朝時也○有言撒加利亞係祭司長者此決非是蓋此職任祗一人爲之自無須用掣籤等法○舊說有謂撒加利亞之本城爲猶大者（書15:55）又有謂卽希百崙者此二說皆未甚確而希百崙之說稍爲近是云

二節　異像在聖殿之顯現（路1:8—17）。考聖殿大門東向而開、故撒加利亞必西向而入。及近聖所、前有燒香之金壇、北有陳設之餅桌、左有七金燈臺。撒加利亞焚香已畢、將退出時、適在所云上主降臨之地（出30:6）、彼見有天使前立（16）、按祭司獻祭時、得見異像、無論載之聖經、與記於古傳者、止此

耶穌實錄講義　第一段　耶穌首三十之行述　七

一次。故撒加利亞驚駭恐懼。天使繼而慰之（13—17）、使知多年所求者、將近得之。因將 神之默示、自小而大、由近及遠、爲之講明焉（13）。一切囑之必名其子曰約翰、即 神有恩惠之意、不第施恩於其父母、且使人知此子一生、 神之大恩去人不遠。二曉諭之、謂爾與衆人皆將歡喜、因（15）此子在主前、將成爲大。此言驗於馬太十一章十一節。三言此子將作主之那西珥人。不與民數記六章至二十二節所言者同、乃與參孫及撒母耳終身爲那西珥人、亦不允其飲酒、以爲如此乃合宜而快樂。蓋自孕於母腹之時、已充滿聖靈（弗5：18）、而備作主之工矣。四言此工將來如何而作（16—17）、蓋如以利亞備以色列民可蒙主恩也。舉經所以不準服事主者飲濃酒淡酒可見撆答亞比戶之事（利10：1—7）若將是處八至十節與十九節相較可知 神罰撆答亞比戶之後即於是日立禁祭司飲酒其意概可知矣。○舊約時亦有撒母耳令以色列民悔罪而蒙主恩其事與以利亞類似而聖經言約翰類似以利亞未言其類似撒母耳者蓋因撒母耳藉以色列之權得特權以行 神道惟以利亞無此大權仍能令人悔改故至以利沙時聖靈大爲降臨以致多人悔悟信主。

三節

撒加利亞受罰（路1：18—2）。○神允賜此大恩、撒加利亞宜滿心感謝、乃一聞"爾必得一子"之言、有如遇躓足之石。彼遂如撒拉思及人道之難、從而灰心、故未嘗向 神感恩讚美、而但求奇事爲憑。如此祈禱、主亦聽之、惟因其不信而不讚美主、 神遂使之瘖不能言、直至事成焉。天使之自稱己名、曰加百列者、即謂神有能幹之意蓋欲撒加利亞思及 神爲無所不能、理所當信、惟其不信此事、故於新約之初、

四節

亦寓有教訓焉。蓋撒加利亞係一祭司、以守規行法爲要。神乃藉其愚拙、令人知自此而後、當發信心。此爲第一要義、蓋信者必得救、不信者必受罰也（翰3：18。翰一5：4）。觀二十一節所言、百姓皆候於外、按民數記六：二十三。祭司燒香畢、必出而與百姓祝福。此後繼獻大壇之燔祭焉。百姓見彼之未出也、知其若非遇有奇事、必不遲誤禮節。及其出也、彼未知刑罰已及、方欲祝福、而已不能言矣。此百姓所以知其在殿內見有異像也。異像久已不現百姓何由知其緣見異像所致非中癱瘓之疾因而致瘖乎蓋一則癱病常顯於人之面部而撒加利亞之面未有改變也二則衆人咸知以撒與雅各之預言將及應驗之時且但以理所言七十星期其數已滿故望彌賽亞速來也二十二節因爲二字原文作而且也天使報告馬利亞路1：26—38。〇本書二十六節所言之"及至六月、"即指以利沙伯懷孕之六月而言（26較36）。是時加百列、又被差至西布倫地之拏撒勒城、將猶太衆婦女所仰望之佳音、報知童女馬利亞。西布倫地、即耶穌長大之地、納弗大地、爲後此所寄居之地也。此即應以賽亞九章一節之言。至於此城、舊約未曾言及。當新約時代、雖非名區、亦非僻壤、蓋由大馬色至亞柯海口之大道、從此經過、故耶穌幼時、得見鄰邦各族人等、經行其街衢。南方猶太人雖輕視之、然不可據此爲其不善之據、蓋南方人、每藐視他處之人也。但觀約翰一章四十六節、可知即加利利人、亦輕視之、再觀路加四章二十八九兩節、知其居民、委係不善矣。至論馬利亞者、祇知其爲猶大支派、屬大衛族（羅1：3加1：32）。

據三十六節所言馬利亞係猶大支派且爲以利沙伯之戚誼也惟第五節則言以利沙伯爲亞倫之後即屬利未支派解之曰以利沙伯之父娶馬利亞之姨或姑故其爲表親也

惟馬利亞屬大衛族、即其夫約瑟亦屬大衛族（太２０）．馬太路加兩書內、各載其譜系、有要義二．一路加所記、乃馬利亞之譜系、證明以肉體而論、耶穌委係大衛之子．至此始驗撒母耳下七章十二節、神許大衛之言。但猶太舊例、非女子之後、可以繼嗣者、故耶穌若祇爲馬利亞之子、即不得稱爲以色列之王。二　馬太所記、乃約瑟之譜系、顯明耶穌即大衛族之當得位者、而耶穌在約瑟家爲長子、約瑟視如己子、即係嗣其位者．故耶穌爲以色列之王、而撒母耳下七章十三節、　神許大衛將生一永遠作王之子、其言始驗。路３‥２３‥以人視之係約瑟之子‥此一句當以括弓別之其下‥約瑟是‥三字當刪去以不在原文內也　○天使乃前而言曰、”請安於已蒙大恩之女子、主與爾同在矣“（２８）。此語之第一句、與第三句、並係平素請安常語。中間一句、乃非常之語、馬利亞聞此、未知何意、故驚甚。天使繼而慰之、告以將作主之母、故如此請安．而猶太人未知將降生之救主、必不以人爲父、馬利亞亦不明曉其故、謂此莫大之榮耀、何以能得於童女。但聞天使之答辭而後、未如撒加利亞之求憑據、第求解明而已．故於三十五節、天使即告之曰、爾將如何生子．復（３６）爲之加一確據、使知　神之能力、原不限於常理、即似此奇事、亦能作之、因（３７）　神無有不能也。馬利亞此事、最足令人稱美、蓋彼亦知如此而孕、易遭謗言、彼乃不顧凌辱、大發信心、謙心

五節

言曰、”我爲主之使女、願如爾言、成之於吾身焉“。
馬利亞探望以利沙伯 路1:39—56。〇天使旣言及以利沙伯之事、馬利亞可以用此作據矣、故不
憚希百崙三百里之遠、遂速往見之、觀”速往“二字、可知其未暇告知於約瑟、亦未明言在己之顯據、
而遂行也。維時旣近逾越節、先偕其友至耶路撒冷、再由此至希百崙、僅四十八里、其至易矣。卽不從其
友人而去、而覓人相送、亦非難事。無論其如何而行、要可知其非獨行也、蓋猶太舊俗、與中國畧似、幼年
處女、無獨行者。以利沙伯於夫所受天使之言、已知其子、將爲主作開路者、然天使未嘗言、主何時降生、
亦未言何人將作主之母。及馬利亞至其門、以利沙伯遂蒙指示、見四十四節因爲二字 卽稱馬利亞爲吾主之
母。觀此全章、天使固未敬拜馬利亞、第稱以”蒙大恩之女子“而已。卽以利沙伯亦未嘗拜之、第稱曰
”我主之母“而已。新約一書、讚美馬利亞之語、未有過於此者、然此並非敬拜之謂、故知天主教之敬
拜馬利亞、甚不合於經也。人宜尊重之、如尊重一切事主之聖徒、斯爲得之、蓋馬利亞者無非人耳。卽在
天上、仍一”蒙大恩之女子“、亦爲主之母。此二事者、吾人尙可承認、若令其分主之聖位、而敬拜之、決
不可也。〇馬利亞旣得此據、信心愈堅、心甚喜樂、遂取舊約之言、作成頌詩一章、卽今基督教會第一頌
詩也。若將此詩、與撒母耳上、二章一至十節相較、卽知馬利亞亦如提摩太之母、已熟讀聖經、卽今時婦

女、亦當效其得讀書之益也。天主教通行之禱馬利亞文乃將天使對馬利亞之言（28）及以利沙伯所言（42）再加以後人所備之一節卽言聖馬利亞神之母於我臨終之時爲我罪人祈禱亞們三節合併卽爲全式之禱馬利亞文也

六節

馬利亞歸里約瑟得示路1:57—80太1:18—25。○觀路加三十六與五十六兩節、知馬利亞與以利沙伯先係同居、及以利沙伯產期已到、馬利亞或先歸里、或待約翰既生而歸、皆未確知、要必先歸也。馬利亞至家而後、不能多方隱藏、然天使之語、其告於約瑟與否、馬太雖未言及、揆之情事、或自行告之、或倩人告之、要必告之無疑。不然、約瑟聞此、未有不憎惡者。卽使告之、約瑟必將作難、一則處女而作客他鄉、旋返而言有喜事、使約瑟而信此、人將如今之猶太人、羣笑其易欺。一則若照律辦理、則恐主母或陷於罪。處此兩難、遂定意不娶、亦不加害。可見約瑟不但爲善人、尤爲義人、以彼若不確知其事、則不輕於造言以害人也。按此可知若無實據而疑人有私遂顯揚其過而判定其罪者非聖經所稱之義人矣約瑟力處疑難之際、主爲之解其疑心、彼遂含忍恥辱、立娶馬利亞焉。詳觀此事始末、馬利亞固可稱讚、而約瑟尤可頌揚也、蓋彼在日間、並未見天使顯現、特夜間偶蒙指示、卽默識心通、從命不違、逕娶馬利亞、使得一保護之所、而免受羣之言侮焉。天主教中、特列約瑟於諸聖人內、而敬拜之者、其卽由此等之美德也歟。天使命馬利亞既名之曰耶穌後見夢約瑟亦如之約瑟卽此二事相較則知所夢有意非尋常之夢可比也

七節

約翰誕生 路1:57—79。〇耶穌之生、若在臘月盡時、約翰則生於此前六月、約當夏至節、既生之八日、”鄰里親族“卽其戚屬友誼咸集、爲之行割禮。按猶太人舊俗、此日亦係命名之日。此俗蓋因亞伯拉罕受割禮時、 神爲之易名而起。猶太此例、至今未變、故觀猶太人今時之禮、可知當日所行。按此禮祭司先祝福、次行禮、次祈禱。其禱辭云、”惟爾有 神、我與我儕之列祖、實仰賴之、今求汝施恩於此子之父母、俾此子至於成立、且名曰巴撒加利亞。巴卽之子之意言至此、以利沙伯卽發言曰、”必名曰約翰“(60)。從五十九至六十二節、足見撒加利亞非惟瘖也、且聾甚焉。蓋於衆人方議命名之時、彼若能聞衆人所言、必有不悅之色、而與以利沙伯、合力爭之矣。今不然者、其聾可知。又觀衆人之問之也、不問以言、惟點頷示意、其聾益可想見。此後一從天使之命(13較63)、其舌立解、耳亦遂通。前九月末次之言、猶絕不相信、今首次所發之言、乃滿有信心、實卽新約教會第二頌詩焉。”凡此諸言“、卽撒加利亞之如何而瘖、如何復言、其老妻如何生子、及其子如何改名、諸事始末、一經傳播、臨近之人、皆懷懼心云、”然則此子、將何如乎、蓋主手卽主之能力偕之矣“。衆人此時、雖曰懼之、實則喜之、蓋四百餘年之昏暗將過、而始旦之旭日(78)復出也。

八節

約翰之長成 路1:80。〇卽聖道而論、約翰固爲耶穌之開路者、然攷其族屬、亦戚誼也。惟前三十年中、未曾相見、觀耶穌受洗時、而約翰不識可知（翰1：31－33）。然此固不足爲奇、蓋地之相去、遠約三百里、相見自非易事也。從路加七：三十三可知約翰恪守那西珥人之禮（民6：3士13：4－7）食則惟曠野中所產、衣則如以利亞之服（王下1：8）既爲祭司之子、又必學習其條規、而備供祭司之職事。迨及三十之時、已居任職之期、而祭司之禮、他人行於聖殿中者、約翰則行於曠野以表其義、如此棄舊更新、而所云振興之時（希9：10）已至、舊規皆將速改者、此卽顯據矣。

九節

該撒之詔諭路2：1－5。○約瑟與馬利亞雖家居拏撒勒城、然據預言所謂（米5：2）、基督將生於伯利恆、故時期已至、　神遂藉羅馬皇、以成其旨焉。按羅馬前時、與列邦常有戰事、每得新地、卽暫照此地之舊例、收納糧稅、以故輕重之間、滋有多事。但以屢年國亂、舊弊急難改除。及亞古士督見天下又安、思乘此機、改良稅賦、惟欲均稅賦、必先令各處百姓登籍。亞古士督一謹慎之明君也、一時雖未有他舉、百姓已誤相猜疑、遂致叛亂（使5：37）、約瑟弗亦言、是時舉國皆叛。至收此稅時、耶穌已十歲、猶太人又叛、以至終不服此舉云（太22：17）。○有人以爲希律既係爲王、亞古士督何以能侵其權、而擅以納稅之令、號召猶太人者。不知希律之爲王、乃羅馬皇所封、並非子孫世及之比。凡皇帝之所欲爲、希律不敢違命、蓋若無皇帝之保護、則其位不可一日居也、因猶太人惡之也。故雖受轄制、亦不得阻皇帝、令民各歸

十節

本城登籍之論。此城之地既屬猶太故循猶太舊制、按其支派族系、而登籍焉。（帝之如何施行此旨或論希律或飭總督或選派使臣皆未確知）

基督之降生（路2:6—7）。馬利亞之必與約瑟同至伯利恆其故未詳．有言女子亦必投名者、但猶太實無此規．詳觀約瑟歸自伊及之時、先擬至於猶太一若此次之去、非止為登籍、且為遷居者、故偕馬利亞而同往歟。卽不為遷居而往、而馬利亞產期已近、為免謗者之口舌、亦願與之偕行也。按由加利利而適耶路撒冷其孔道有三．一為西道、先沿海至猶太地再折而東、以達京城居加利利之西部者、每行此路。二為東道、先從加利利海南渡河、再折而南、至耶利哥城東之河口、又渡河而西、由耶利哥之大道、而至京焉．因沿路皆猶太人所居、故人多行此道。三則中道、逕行而南、經撒馬利亞地、以至耶路撒冷（按約色弗記加利利人多行此路）三道惟此最近、然猶太人、每不欲寄宿撒馬利亞之屬境、故非有要故不行此路。大抵約瑟與馬利亞所行、蓋係東道、否則一時迫促、或亦由撒馬利亞而行、其事皆不可知．惟其時約近冬至、晝刻甚短、行路亦難、比至旅店、行客已滿、則日已將暮可知．約瑟又係寒家（路2:24利12:8）、行色淒涼、勢力缺乏、故店內主人、不為別除客館、兩人既無棲所、遂於牛蘭而寄宿焉。蘭內之有無牲畜、皆未確知、卽店客既滿、觀之當必有也．此蘭大抵在店旁之一洞中、而基督卽於此處降生。觀馬利亞自行裹嬰以布、而

耶穌實錄講義　第一段　耶穌首三十年之行述　十五

置於槽、其旁無伺人可知。世界至榮耀之大君、其降生乃卑陋至此乎。按原文此處祇有槽字並無馬字又猶太人多不養馬有馬者羅馬兵卒與希律耳然其畜馬之處當在通衢伯利恒蓋一小村僅有店一所當無馬也

十一節　天使及牧者路2∶8—20。○萬君之君之降生也、雖不若皇子誕生、有羣臣拜賀之榮、然其榮光有獨大者、卽天使之前來頌讚也。路加二章八節所言之羊、伊氏 Edersheim 曰於聖殿獻祭所特牧者、蓋猶太舊規、除曠野外、不準牧羊。此地既係肥美、伯利恒者希伯來文也譯卽有糧之義則非曠野可知。故除預備獻祭外、當不宜有羊耳。由此觀之、天使之獨告於牧人、蓋有意焉。猶告以　神之羔羊、業已來至、後可無事獻祭也。天使復示以標識、使之可以憑此而識其人。天使之無須告以某店其故已見上節之註迨天上之音宣畢、繼有衆天使同聲讚　神而獻頌曰、”在至上則榮歸上帝、在地則和平歸其所悅之人。“此從古卷譯出與今英文新譯者合其言和平歸人者、非謂和平之將歸於衆人、乃歸於信之之人耳。設卽不信者論之、則主生於世、並非其將得和平之機兆、乃為其將致滅亡之理由也。牧人未幾尋至（17）此後福音之初傳、實始此人、其引羔羊至聖殿時、憶必將此佳音告知城中虔誠候主之人。彼西面亞拏所以預知馬亞利來殿行禮之日、而相候不誤、且西面當日所以獨至聖殿者、觀二十七節、可知其故也。

十二節　主之受割與其被獻路2∶21—24○卽主身而論、既生舊律之下、必恪守禮法、乃為無違於律也、卽

吾人而論、主不惟代吾人而贖罪、且行人所未行、克代吾人、使無不全之律、此保羅所嘗宣講之理由也。
分而言之、在猶太一國、則摩西之律、基督已代全之、彼等已無待於株守、在萬國之民、則十誡之律、耶穌
又代守之。是第知守律、尙非得救之要法、不過步　神之後塵也。按彼時之例、凡無疵之首生子、概爲屬
神之人、其父母必用財贖回。觀約瑟與馬利亞之行此禮、則主體之完全可見。設其父若母、屬利未支
派、則不允其贖矣。據此可知以利沙伯之母蓋屬猶大支派按此贖身之禮、不必專在聖殿行之、惟生子後四十一日、潔淨
之禮、則必於聖殿行之。如其母不能親往、卽倩人代行亦可、然居近虔誠之女、則每願親往、而行此禮也。
獻子之禮、卽延至行潔禮時、一次倂行亦可、今馬利亞蓋卽按此規也（22）。按律雖定以男子於生後四十一日女子
於生後八十一日行潔淨之禮然有時遲至大節期始舉行之卽待生有二三子女然後一時並行之者亦間有之

十三節

西面與亞拏 路2：25—38。○基督在世時、貧困而阨窮、固已、然每阨困甚極、其榮耀遂一彰焉。卽如
其降世也、以貧女爲母、則有天使加百列之報告。置於牛槽、則有天軍一隊之頌揚。出世如平人、而天爲
之開、　神曰，，此我愛子。“被釘十字架、而日爲之晦。方被獻於　神之時、禮物僅二鴿耳、然其時有二
人焉、一男一女、一爲猶太、一爲以色列、來代教衆而歡迎之。其在西面、則有三事可取、其與人也公義、其
事　神也虔誠、其於主也極仰望之。人能有此三者、一生之義務、亦已概矣。其所宜之言、卽教會第三頌

詩也。約瑟馬利亞聞其言而奇之、蓋新約言基督、亦兼爲外族人之救主、此其首次也（32）。馬利亞前時、心甚喜樂、至此（34—35）始知救主必有如許仇敵、終爲所害。繼此亞拏入於聖殿、經云其"不離殿宇、日夜崇事　神"。此不離殿宇之言、非居於殿宇中之謂也、可居殿宇者惟有祭司、彼亦非常居在內不過謂其常入殿中耳。亞拏一黃髮龍鍾之老女耳、而能與耶路撒冷仰望得救者、皆講論基督降生之事、可知此等善人已不多見。況此等情事不敢明言、蓋地爲希律之都城、若言有新王降生、將恐不惟己受其害、必且株連此嬰。又此城爲法利賽人會萃之總區、使明言救主生此貧賤之家、彼等不惟不信、或加以詬詈而訕笑之、甚或防其惑人、而圖害之也。或曰此一獻祭、當在博士來後、果爾、則馬利亞當能備多數祭儀、何爲僅獻二鴿、且博士甫來、希律遂知有降生之新王、約瑟豈敢送至耶路撒冷。或曰此事、當在主歸自伊及之後、但馬太（2：22）明言、約瑟不敢適猶太地、可見路加所記、西面與亞拏之事、在馬太二章所記之前。基督生已四十餘日、而約瑟與馬利亞不歸拏撒勒而歸伯利恆、據此可知其業已遷居伯利恆也。雖復歸於伯利恆不必仍適牛欄中也蓋前時居此持以天時已晚事亦甚急故不得已而暫居耳

十四節

博士之拜訪太2：1—12。〇前來拜訪之博士、其由何而來、未能確知、古人有謂其來從亞拉伯者、因亞拉伯人亦亞伯拉罕之後裔也。又因其所獻禮物、皆亞拉伯地所產。又詩篇七十二篇十節、言亞拉伯

之王亦將獻禮物云云故耳、但此諸說、皆不足據、蓋聖經明言、博士來自東方（即波斯或瑪代）也。至來此之故、則因在東方曾覩其星也（民24：17）。回憶猶太人被擄至巴比倫後、東方多有猶太人居之、被擄後七十年間、附近巴比倫城、有地曰加西巴者（以8：17）、特以律法教祭司、以故東方學士、遂有通曉舊約預言者矣。考十六節、可知博士等見星後年餘、曾歷多日攷察、始克起行、可見其能識為彌賽亞之星者、非由於 神之默示、乃見星異於他星、知其為特現之星也。觀九節所言、可知此星、並非一路相引、以至猶太、蓋使一路相引、何云博士因又見而大喜乎、意其星時隱時見也、由其自耶路撒冷南行、以至伯利恆、而停於耶穌所居之上焉、其為上主所特備、以為導引、而非尋常之星可知。若為尋常之星、如彗星或二行星相合、宜

與他星相同、每夜東升西落、不惟東方見之、即耶路撒冷及泰西亦必見之、今東方人獨見、抑何奇也、其為二行星相合之說、更不可信、（一）二行星相合、乃漸近而然、歷時無幾、又必離去、博士見此、不足奇異、（二）以歷法推之、彼時金星與木星合、然不過二曜相近、相距仍二倍於月之全徑、何能視之為一星耶、

論前來之博士、從古皆言、蓋有三人、惟聖經未載、故其數未詳、但觀一經來至、遂驚動耶路撒冷全城之人、知為數當不止三人耳。古傳言祇有三人者、殆因其所獻禮物、分有三類之故、非有他說也。博士之來未幾、希律心甚不安、蓋恐彌賽亞降世之說、一經傳播、百姓或因而叛亂、廢其王位也、即召見之百姓、心亦不安、蓋深知希律之性情、每因疑忌而害人耳。希律行事、素稱敏捷、故一聞此、立即定謀、首將祭司與文士、一併召至、先問基督宜生

何地、後問博士何時見星。其居心之險惡、於此可見、蓋使果爲拜此嬰兒、原不必問及何時見星也。惟希律知此、卽博士不從命而回報、彼亦自有辦法、預防深計、概可想見。但其所畫兩策、悉無成功、第一因博士未歸、辦法無從措手。第二因兵未及發、約瑟已蒙神指示、逃於伊及也。二章一節所言之東方蓋指地面之方向而言因原文指諸東方也二節所言之東方乃指天空之空際而言也原文係單個之意

十五節

逃往伊及　太2：13—15。〇按伯利恆在耶路撒冷南、僅十有八里、希律候博士之回報、必不俟多日、卽速發兵、惟兵未及至、而約瑟已逃耳。博士之離耶路撒冷也、既能見星、維時想當入夜、約瑟既於是日得夢、次日或當日晚間、當卽起行、必不遲誤。約瑟素日雖貧、既得博士禮物、資斧亦足遠行矣。論其逃往伊及時、當在希律死前一月時間、其證如下。按約色弗云、將屆希律死時、有一月蝕、是夜希律命殺叛首馬提亞。按歷法推之、知當年春季月蝕、在西歷三月十二之晚、故知希律此時猶未死也。又按是年、逾越節在四月十二、據約色弗言、亞基老於節前七日、已行畢喪禮、是則四月四日、希律已死。從知希律死日、在三月十三、四月四日之間。基督既生於臘月下旬、再歷四十一日、至潔淨之日、又歷數日、爲博士往返之期、知其逃往伊及、蓋在希律死前、僅月餘耳。從此推知、基督之居伊及、僅歷數星期之久。卽無默示、希律已死之信、不久自當聞於伊及、而約瑟未得此信、卽起行者。觀其行時、尚亦未知（22）、誰繼希律之位。

觀此則約瑟之居伊及、其僅歷數星期也明甚。

十六節

希律屠嬰（太2:16—18）。○屠嬰之舉、極爲殘忍、故有人云必無此事、聖經所載、蓋係後人誣造之誇言。然觀希律既殺其妻、復害其二子。又觀其死前五日、恐太子之篡其位也、又害之。又將死之際、逆知猶太衆民必慶其死而甚喜樂、乃將最尊之首領七十人、縛執戲園中、囑其妹曰、俟我氣絕、卽殺此輩、而使民皆轉喜爲悲。（其妹未從所命）然則恣殺無辜、希律之惡昭然若揭、親如己子、尙遭慘殺、何有於並無親誼、素未識之赤子乎。第約色弗言未及此、故有以爲未確者、抑知凡無涉國家之事、約色弗概不言之、且彼作史記時、原居羅馬、其時衆情深惡教會、彼思得羅馬人之悅、故罕言基督之事。至被害嬰兒、爲數幾何、則伯利恆區區小邑、又被殺之嬰、祗二歲以內之男子、故其爲數無幾。然雖無多、已爲因救主、首先遇難之人。

論馬太所記耶利米之預言、含有兩意。一驗於猶太人之被擄、再驗於基督之降生。

十七節

回拏撒勒（太2:19—23）。○天使之報告約瑟、第促之使歸、初未告以當歸何處、故約瑟先擬至於猶太（此亦足爲業已遷居之一據）及在途中、聞亞基老已繼父位、懼而中止。此亦不足爲奇、蓋亞基老性情亦甚殘忍、嗣位之初、時尙未知羅馬皇之允否、因民有不欲其爲王者、在聖殿殺三千餘人、似此風聲、一經傳聞、約瑟當知謹防、故逕歸故里拏撒勒云。（觀二十二節譯作"被指示"三字之原文、似約瑟適當游移未決之時、求主指示當回何處者、以此故遂往拏撒勒也）

基督之由伊及而歸則適驗何西書十一章一節之言主稱爲拏撒勒人係應驗數處之語而此處宜譯作諸先知因原文蓋言多也論所應驗之預言則舊約漢文繙譯無法顯之但觀賽11:1耶23:5 33:15撒3:8之希伯來文則明甚

細核原文、拏撒勒之爲名、原係佳名、又亦爲彌賽亞之別名也、但以其地居者、多非善民、故後以其名爲不美耳。在猶太人自保羅時（使24:5）以迄今日、祇用其後意、以藐視基督教會。亞拉伯及土耳其等國之回族、亦沿其習、稱基督教人爲拏撒勒者、或曰拏撒勒犬云云。攷耶穌前十二年間之事、除此上所記外、聖經別無記載。至他書所錄、皆屬揑造、不可取信、惟攷猶太舊規、伊氏云可知主幼年之情事焉。如下 其母教以眞道、其父爲之解明緊要節期、如逾越等節、究屬何意、背誦聖經、亦屬常事。至六七歲時、始能從學、先受利未記、次學摩西其餘四經、繼此又學先知書焉。至主從學之年數、未能攷知、意其所學所閱、大抵視教習尤明、以主之所學、多指己身也。觀路加二章三十九節、原文並無就字、則路加並未言其父母、"辦畢諸事、立卽歸於加利利、逃奔伊及"之事、故可列在三十九節之內、是則耶穌幼年之事、必取馬太路加兩福音書而參考之、始明曉也。

十八節

耶穌幼年與諸師談講（路2:41—52）。○至耶穌十二歲時、猶太已改國政、而爲羅馬一屬省矣。蓋亞基老之爲王、殘忍太甚、以故前三年間、羅馬皇放之歐西。是時亞拏卽耶穌後日之仇敵爲祭司長 主在殿中、與諸師相爲問難、此不爲奇。依伊氏所言、凡在節期與安息日、作啦吡者、則坐聖殿中、以備教訓百姓。人有疑難之事、皆得問之、故耶穌亦可來此、相與談論。按路加所言、人所奇者、在童年之聽悟、與對答耳。（由對答二字知耶穌來時先問啦吡因其問辭顯有大智諸啦吡因而問難於彼焉）在第四十四節言、其父母行程一日、不見相從、始覺關心、此亦無足奇者、蓋耶穌年已十二、其父母以爲必在同行人中、所以卽未望見、亦不關心、況在第一日、衆人行程、約僅三十里、因待收拾行裝、又因節期方畢、滿街人士、紛至沓來、比出耶路撒冷時、已近晚。（今時敘利亞行路蓋猶如此其第一日行路僅數十里蓋備次日之早行也）直待晚間食時、或將次就寢之時、約瑟與馬利亞仍不見焉、始鬱鬱不釋、故次日急往尋之。耶穌此行、不似平素之順從、故其父母心甚奇之、亦責之、耶穌之自知爲誰、顯於其應對之言。前三十年之言、聖經所記止此。是時稱　神爲父臨終（路23：46）又呼之爲父、是知主在世時、蓋常以父事爲念、而思成其重託也。此後十八年間、遭際如何、世人所知、惟五十一二兩節所記、從識主雖自知己爲　神子、而居家則仍聽從父母。觀馬可六：三、又知主曾學木工、至於他說、皆自古相傳、不足憑信。此前三十年中事也、馬太所載、吾人不得知其由來。至路加所記、大抵皆馬利亞所述、蓋二次言及、馬利亞已將一切、記之於心、又首二節內、言其所記、皆得之身親見主之人云。（自耶穌聽從約瑟馬利亞可見彼二人雖知其爲救主不知其爲神也如知其爲天上之大神必敬而拜之不能指而用之矣）

第一段 附錄

十九節　耶穌生年考〇今時之年代、按西歷云、爲主降世後、一千九百十一年、實乃一千九百十五年耳、其相差四年者、因主後五百餘年、有丟尼修者 Dionysius Exiguus、推計基督生年、在羅馬城已立之七百五十四年。然按猶太史記、希律卽位在羅馬立城後七百一十四年。希律在位三十七年、而薨於羅馬立城七百五十一年春。耶穌降生、記在希律死前數月之久、則應在羅馬立城七百五十年之年終、足證丟氏之說、實差四年。其所推得耶穌生年、乃已生之四年也。然今人雖皆知其未合、而歷代之書籍、文契等件、皆已依丟氏所考、殊難改易、故今時雖知其誤、亦相沿而不變也。

二十節　基督生日考〇基督降生、有云在西歷臘月念五日、其是與否、未有能決定者。惟從主降世、三百三十七年以後、西方教會、皆守是日爲聖誕節。維時東方教會、則以正月六日、爲主降生並受洗之日、蓋以聖經云、耶穌約當三十歲、卽受洗也。然東方教會、後旋改守臘月二十五日、其日之改、必有其因、教會自主釘十字架三百年後、皆守是日、卽吾人亦守是日、但罕知此節、去生日較近。然不敢必其確係此日也。（按猶太人之傳記救主降生亦去冬至不遠）

二十一節　主之兄弟〇聖經屢次言及主之兄弟、且有二處（太13:55　可6:3）並及其名。又此二處兼言主有姊妹、惟未及其名。又每次言及、但稱以弟兄、不言表弟。在希利尼文中、二名原清晰不混、若係其表弟、原文何不用此名乎。又約翰七：三之外、聖經中亦常與馬利亞一並題及、若係他人之子、何以與馬利亞並稱、而不稱及其父母乎。要之、使聖經而如他書、卽言及他人兄弟、而謂同胞人亦不疑。至論主之兄弟、則人多不信、良以如此立言、不啻藐視我主也。此事之要說有三。一希利尼教之說。（耶穌教會多有從此說者）有人以意揣之曰、馬利亞者、約瑟之繼室、其稱主之兄弟者、前妻之子也。信斯言也、約瑟長子、旣非耶穌、主將不得稱爲以色列之王矣。且使約瑟而有前子、其逃往伊及之際、未知囘里何時、能輕棄之而遠適乎。又聖經當耶穌三十餘歲時、言其弟兄、尙從馬利亞、是則彼等之年、已較長於主、而猶復隨從其母乎。此說、希利尼教中奉爲當信之道、不知皆屬難信之妄談也。二天主教之說、（耶穌教中亦有從此說者）言主之兄弟、乃其表弟。（此說難通之故義見本節之首）論此說於主後約百五十年、有私度亞勒腓與約瑟係爲兄弟者、又私度云、亞勒腓早亡、約瑟慈善人也、收恤其子、視如己出、因稱爲耶穌兄弟焉。此說尤與聖經不合、因耶穌所派十二使徒之中、至少有亞勒腓之子一人、及使徒派畢而後、在約翰七：五、言其兄弟亦未之信也。旣不相信、何能派作使徒、或又云、亞勒腓所遺之子女、約瑟未嘗收之、蓋彼旣爲耶穌之表弟、自可稱爲兄弟也。在此說、詳觀上文、已所難解、又謂此數人、乃其母之姪、（天主教多云馬利亞原無兄弟姊妹、若云其有、卽爲輕視馬利亞）因約翰十九：二十五、舊繙譯云、馬利亞有一女弟、亦名馬利亞、乃革流巴之妻、因以其子爲主之表弟云。按此說、尤非一則、世上固多愚拙之父母、爲有愚拙至此、二女同居、而同名者。果爾、人若呼之、何以別乎。二則、新繙譯云、在十字架下、有婦女四人、未言馬利亞之妹、亦名馬利亞。第言其有一女弟。以此知馬利亞信有一妹、其妹之是否有子、究無據也。設使有之、卽主之表弟矣。但聖經原文、未用此稱、第稱曰主之兄弟。天主教之惟信此說者、一則爲榮耀耶穌。二則爲榮耀馬利亞以爲守童身之女、較貴重於有子者。三則欲據此以爲根柢、以堅其男女隱士之教規耳。三耶穌教之說。耶穌教中多有從上二說者以耶穌之兄弟姊妹、爲約瑟馬利亞兩人之子女。此說與聖經適合、與馬太一：二十五亦合、卽在基督亦無辱焉（希2：17）、故耶穌教多從此說。在主復活之前、其兄弟雖不相信、至主復活、而顯現於其兄弟雅各之前、彼等不得不信矣。人有議之者曰、使主果有兄弟、何耶穌託其母於約翰、而不託之於兄弟乎。將答之曰、一則馬利亞信主、而彼等不信、若託其母於彼等、必不得安。二則其時在前之人、惟有約翰、別無可相託者。三則約翰慈愛而溫柔、宜受此託也。

二十二節

主之兄弟是否亦爲使徒考○除安立甘會外、耶穌教中、皆不信使徒之職、世襲相承、蓋此職分、主所親立、特爲當時教會建立基礎、雖在有使徒時、有所立之長老執事、然未言及使徒更立使徒。按長老監督等職與今之牧師同見使徒行傳二十章十七節較二十八節提多一章五節較七節論主之兄弟、亦作使徒、有人引加拉太一：十九爲據、以實其說、且想及希律已殺約翰之兄雅各（使12：2）、其餘之使徒遂立主之兄弟雅各爲使徒。按此說不惟無憑、且與使徒立法不合、因聖經（使1：21－22）明言在猶太人中作使徒者、必自約翰施洗、至主升天、常與主同居、方可充當是職。彼時主之兄弟、不惟不信、並不同居、當不能在猶大人中爲使徒也。又新繙譯（拉1：19）、雖如此繙成、然人於本節、多不照此譯法、譯作“他使徒吾未之見、吾惟得見主之兄弟雅各”。如此譯之、始與原文相順、且與使徒行傳一：二十一、二十二、不至相悖。保羅於此特題雅各者、或曰因其爲耶路撒冷教會之首、卽其教牧也。

耶穌實錄講義　第一段　耶穌首三十年之行述　二十八

二十三節

第二段　自主受洗至第一逾越節（約歷三月）

神備猶太人之原旨○欲悉耶穌於猶太人中言行之目的、宜先研究　神選猶太人之原意．分言之、由許亞伯拉罕之言、卽見　神原欲令其子孫拯救世人、故賜以特恩（出19：5—6）、使之通明眞道、而作化導他人之師表。惟猶太人積久相沿、誤會舊約彌賽亞拯救其民之語．以爲所言之敵人、非致其陷溺於罪之魔鬼．乃侵陵其封疆之鄰國．故望基督之來、而作之君、率之以脫羅馬之軛、立京都於耶路撒冷、藉猶太一國而治天下．如此而應以賽亞二章三節，，律法必從耶路撒冷而出、主之言必從耶路撒冷而發"之預言．惟彼等如此存心、愈望彌賽亞之速至、益薄耶穌降世之貧賤矣。論猶太人受羅馬之制、衆甚銜之．惟罪惡挾制之苦、除虔心事主之撒加利亞、亞拏諸人而外、有莫之覺者．故耶穌降世、思有以拯救其苦、彼衆以爲無趣。衆人既存脫離羅馬之望、故耶穌卽不顯己爲彌賽亞矣（可8：30．9：9。路5：14．8：56等處）．蓋不惟恐招虛僞之門徒、且以防衆人之生亂也。又因猶太人有此謬望、耶穌未言及何以脫離羅馬之權、而立國於世、第言立天國於人心、及令人免罪之方而已。○至上帝選猶太人之原旨、彼衆雖未盡明之、然仍可謂成功耳、蓋耶穌以猶太人爲使徒、使徒以後、又多賴猶太人、及其會堂、普傳眞道。猶太人棄絕耶穌之謀畧、雖括於　神意計之內、然　神固未嘗令人害主、惟力勸衆人回轉蒙恩、是知苦害耶穌之罪、實與　神恩相敵也。故猶太人之害主、雖成　神之密旨、彼仍係自由之罪人耳。又　神之密旨、於所獻之羔羊、諄諄指示、然無人知此言所指、乃救主被害者、雖日日熟讀諸先知書、亦未會及主遇難之意也。在施洗之約翰、又未明言主必受害。即主之使徒、於其復活之先、亦未知彌賽亞宜受斯苦之理。是知猶太人、雖明識害主仍係妄行、亦未知所謀、皆由　神之本意也。既不知而樂行、則是自由而已矣。　神雖如此聽其爲惡、然其待之也、無異他人爲。蓋　神者、由古迄今、不過感發人人之天良、使之自由行善而已。若人自由而行惡、則其罪在人而不在　神。故耶穌在世時、常以此勸人、且囑人愼勿棄絕　神子。然言之終屬無益、故救主但爲之哭曰，“我欲集爾子民、如母雞集其雛於翼下、曾幾次乎、但爾曹不欲”（路13：34）。〇神爲猶太人之不善待其子也、究而棄之、以其不啻舉國棄其子也、此固公理也。夫一國之人、善惡固有別矣、及其受罰也、則舉國受之、蒙恩也亦舉國同之。蓋有先國人而爲之倡者、即爲舉國之代表者也。職此之故、若國中之首領、知善待其子、其不服者雖受罰、國必蒙恩而得存矣。反是則不棄主者、雖受大恩（翰1：12。羅11：4—5）、國必衰替而滅亡矣。昔之以色列、今不復爲其民者、即此理也。總之　神選以色列人而教之者、其故蓋有三焉。一令猶太人先蒙救恩。二普施其救恩、此其成全救世之要義也。三令猶太仍成國而保守之。其第一第三之未成者、則

二十四節

因　神不强人之自由猶太人故遂其自由、而輕棄　神恩耳。

施洗約翰之工○神於古世預備而後、為時未遠、繼復遣其僕人約翰、為主前驅、而約翰所作之工、要事有三。一　報告　神國臨近、及大有權者將出因約翰如此傳　神之旨、故人咸稱為先知。二　欲令衆人悔改（路1：17）、以"備作主適用之民焉"此即約翰所作之大工也。天國將近、而衆人不配入之、彼雖自以為義、究未知　神國之在於何所也（羅14：17）。祭司利未人等、驕傲妄行、守古傳而廢　神之律、又詩篇及先知諸書、衆啦吡謬為解釋、甚至滅沒其感發天良之功能。（見百二十一節二）祭司長為伺候羅馬之僕役。而衆民之領袖、多屬無信黨之撒都該人。其弊也如此、故自約翰視之、自頂迄踵、絕少完處（賽1：6）、衆人如此、而不自覺、雖有救主、亦將如之何哉。以故約翰力勸有衆受洗、表其心求清潔、始克蒙主悅納。此禮、前時在律法下、原用以表染污者、或用以示義奉教者之已潔也。今約翰用之於衆、藉表　神之視人為罪所染、必待悔改、始得清潔。古世時　神與以色列人立約（出19：10—14）、民衆必先自潔、洗其衣、以表悔改前非、始可作　神之民。故約翰倣傚前型、表主與人立新約時、人必先離罪惡、如水洗盡垢污、主始與之訂立新約、而納之以為己民也。三　於彌賽亞既至之時、欲衆為人、明其究為何人、此乃約翰工程之總結。此後從之者、漸次減少矣（翰3：26—30）。以上三工、約翰一一辦畢、惟第二事、除平民外、未見

大效。四福音內、未言有祭司及利未人、至約翰處受洗。所言者(路7：29)、特兵丁與稅吏、及庶人而已。似
法利賽、撒都該、律法師等人、雖至其施洗之地(太3：7)、究未受其洗也(路7：30。翰1：19－24)。詳視馬
太三：七、原文並無受字、故不如譯作施洗之地爲妥。此等人不覺己之有罪、且亦不求洗、故約翰並不
與之施洗、祇語以當先結善果、以表悔改之心。約翰雖多方指明其罪、彼仍覺與己無涉、羣曰、"吾儕有
亞伯拉罕爲父也"。此語大爲猶太人之仗恃。按古昔相傳、亞伯拉罕之功、並其子孫之罪、亦能掩之。摩
西惟賴此功、故得登西乃山而受律例。百姓拜金牛之罪、亦因之而獲免。但以理亦賴此功、故於獅穴祈
禱、而蒙　神垂聽。人惟如此存心、益不服約翰施洗之權、約翰欲使之悔改、蓋已難矣、不惟執此偏見、不
信約翰爲　神所差者、其爲主所作之証、亦皆置之度外。如是而欲使之靠耶穌以贖罪、不尤難乎。總之、
約翰雖"行於主前、以備其路、使民知拯救"、斯時國中之首領、尚未能悔改而信之也。為顯明主三年布道之要義、下三節約略列之

二十五節

耶穌顯爲救主○約翰既先主而開其路、主遂繼之、顯已爲將來之救主。雖不明言已爲基督、然有確據
可信。一所發之言、委係　神之眞理。二所行之事、明係　神之大能。三依其支派之家譜、又確係大衛之
子孫。四其所經歷之事、實足證舊約之預言、皆應於其身。前文已言　神待以色列人、蓋以一國論之、故

耶穌既已受洗、未幾卽至耶路撒冷（翰2：13）、以顯於有位者。但耶穌隱居僻壤、已歷年所、雖至耶路撒冷、亦未顯其尊榮、實不滿衆人望彌賽亞之心焉、故主雖多行奇事、並用大智大力、以宣　神道、彼等僅目爲先知、否則以爲　神所差之師而已、不稱其爲彌賽亞也。卽向之而求　神蹟（翰2：18）、爲依彼所望、而作彌賽亞之據焉。耶穌之不允其求者、蓋以原非如是之彌賽亞也。不過與之顯明己能救人、脫離由罪而生之患難而已。其將爲救主之意、於此可以想見。耶穌亦知猶太人、若不憑其言行、信之爲摩西與先知所稱之基督、雖有死而復生之人爲證、亦不相信。此語每有死者復生爲據、及主復生而後、乃大驗矣。惜者、主之初次至耶路撒冷、顯己爲彌賽亞、而諸在位者、蓋猶不歡迎也（翰1：11）。

二十六節

自首次被棄至過構廬節〇耶穌初至耶路撒冷、在爲官者、雖不善待之、然主之意念、未忍竟棄之、故遂離城、而於猶太地、稍稍稽遲。揣其意見、似俟有位者、洞明其道、以後可望翻然改圖、而信之也。斯時於猶太地布道施洗、平民雖多受洗者、然殊少法利賽、及他等之上流人焉。彼等反欲設謀（翰3：25－26）、使屬約翰、與屬耶穌之門徒、互相嫉妒。此謀於約翰、雖未能成（翰3：27－36）、然主爲防門徒生此種心、故去猶太、而適加利利、召門徒。數月後、再至耶路撒冷過節、醫病人於畢士大池、猶太人遂控以犯安息日之罪、耶穌始明言己乃　神子、且安息日之主也。於是衆遂以爲褻瀆　神、於法當砍死。此主救人所遇之第一大變也。由此而後、雖明言已爲彌賽亞、亦於事無濟矣、故改用他法、去猶太又適加利利焉。此正希律方下約翰於監（太4：12。可1：14）之時也。度是時猶太人率從官長之意、而欲害之（翰7：1）、故耶穌遂不復行於猶太地矣。既至加利利、遂改其布道之規。以人視之、有二意焉。一 於各等人中、選取一班眞實門徒、使之同聆訓誨、觀己行作、以備後日爲之作証。如此（見行傳首數章）藉門徒之見證、與其信心、以感動衆首領、使全國歸主、藉此以成 神選猶太人之原意。二 猶太人仍不悔悟、即藉所選之十二人、新立教會於世、則是橄欖被折之舊樹、復有接上之新枝矣。逮回加利利、衆皆歡迎之。惟此信甫傳至耶路撒冷、未幾官員差文士及法利賽人（可3：22。7：1）、潛爲奸細、簧鼓百姓、謂耶穌所行之奇事、非藉 神之能、惟鬼王別西卜之是藉。於加利利信之者雖衆、然諸學士、尙不信其爲彌賽亞、反惡之而思害之。觀國中官員、於搆盧節與耶穌儼若仇敵、此時已顯主選門徒之第一意、於其復活之先、必將不成矣。然則”神國必奪於爾、而賜與結果之民“、此言能勿應乎、故此後耶穌多以其死而復活之道、教其門徒。

二十七節

自搆盧節至十字架〇搆盧節後、諸有位者、害主之成見、已爲衆人所周知、而耶穌欲令其自知、罪居何等、故屢稱己爲大衛之子、以色列之王、且準他人稱之者。蓋使衆知、棄之之罪、不在棄之爲先知、而在棄

二十八節

之爲彌賽亞也。主之末次至耶路撒冷、乘驢駒而入城、已應撒加利亞九章九節之言。前後觀者、皆以大衛之子稱之。其入於城也、卽兒童亦頌揚之、祭司等欲禁止、而耶穌不禁也、曰〝此殆應爾聖經之語耳〞。觀此而知、此次行事、大異乎前。蓋前之禁人稱以彌賽亞者、今悉聽之也。又此次主入耶路撒冷、足令祭司文士、知其究屬何位焉。惟彼等竟漠不關心、不惟不歡迎之、且大怒之、故耶穌別無所爲、祇環顧一切、出城而去。大君此入、一如自入其京都、然其終也、猶太人亦當知事之有關平安、無奈目力所及、尚多隱蔽（19：42）、而彼等害主之志、反愈甚矣、故　神遂賚其妄行、成其救人之原旨。彼衆亦不得自諉其罪者、蓋其行此、非爲成　神之旨、乃甘與善爲敵也。又其害主也、　神乃任憑之、準其躁亂而從事、使主經於大署、次過公廨、及彼拉多希律兩人之公堂、定其刑案、而行之於衆人之前。如此而使世人皆知、非　神棄其子民、乃其子民之自絕於　神、故　神後絕其民、世人可盡知　神之審判、固確實而公義也。

約翰洗禮（太3：1—12。可1：1—11。路3：1—17）。◯約翰施洗之原因、已見前二十四節。至來者之多、想是年係安息年耳（出23：11）。要之縱非此故、衆亦被感、就聆訓誨也。其施洗之所、是否皆於一處、至今已難核定、良以施洗之區、原非一處也。攷之聖經、一約翰生於猶太山鄉（路1：39）、大抵在耶路撒冷南。二初次傳道、原在猶太曠野（太1）、繼由此迤東、至約但河濱之曠野焉。至此受洗者、不惟來於猶太與耶路撒冷間有來自加利利者（可5：9）。三自猶太與耶路撒冷來受洗者、時在主受洗之先（太3：6較13路3：21）。四主之受洗、蓋來自拏撒勒非來於猶太地也。取上數端參觀之。大抵約翰施洗之地、首次在耶利哥城之渡口、以約翰本猶太省人、爲因衆人往來之便、故施洗必擇本省附近大道之所。其二次施洗之地、乃在約但河東（翰10：40）地名伯大尼（翰1：28）。此處所在、今未確知、惟知在約但河外耳。（即河東地也）亦不在加利利、蓋耶穌（太13）由加利利而來、爲受洗耳。設主被試四十日時、約翰未易施洗之地、其去拏撒勒也、僅二日之程耳（翰1：43－2：1）。豈其已歷月餘、而未易地哉。（路3）卽此已見約翰未易地之說之不確矣。要之耶穌受洗、其地人不確知、惟率云距耶利哥渡口不遠、然則約翰固沿河佈道而施洗耳。

二十九節

耶穌受洗太3：13－17。可1：9－11。路3：21－22。〇按約翰一章三十三節所言、耶穌來受洗時、約翰初不識之。受洗時、卽睹聖靈如鴿臨身、藉茲預告之印記、而識爲彌賽亞。此約翰之自言也。惟馬太三：十四則言、耶穌受洗之先、約翰卽發禁止之言。驟觀兩處、似相矛盾、然細味之、固未嘗不合也。蓋馬太未言約翰不與耶穌施洗、祇云主至其處、始則禁之。其不欲與之施洗者、蓋由視耶穌之來、有異他人。馬可馬太兩書、皆言民衆受洗、乃因認罪而來。設不以是心至、約翰必不允其領洗、將嚴責其妄行矣。

三十節

耶穌之來、無罪可認、約翰一見、知其並非自大、識非常人、乃言曰、“我應受洗於爾、爾乃就我乎”。此言
誠是、安知非約翰於含糊之間、藉以窺其果爲彌賽亞否、其用意或非衆人所盡識也。On the next six
Paragraphs see "The Crises of the Christ" by Campbell Morgan
基督受洗之原因○由耶穌之言觀之、其所以受洗者、思盡諸義也。夫義曰諸義、知其受洗、非一故矣。卽
後此死於十字架、亦非祇緣一故（羅3：25。希2：14—15。加3：13。彼前2：21）。於此可見
神之大智、一行而兼成諸事也。其所以受洗、雖非一故、然合而言之、無非以主爲吾儕之代表耳。斯時業
有多人、來就約翰、認罪求赦、基督既爲吾儕之代表、必並任吾儕之罪、於是猥自枉屈、己降居罪人之列、
故知主之受洗、乃表吾儕之罪、將於主身概行滌洗淨盡、以成　神之義也。此卽約翰所稱、“神之羔
羊、負世人之罪者”。至於　神曰、“爾乃我之愛子、”此　神作之證、令衆人知耶穌之確爲　神子、實
係彌賽亞也、而後日之治人不善相接之罪、其罰乃出於至公。且主如此而行、亦明見爲　上帝之義焉
耳。故受洗時、卽明示之、於此實應詩篇第二篇第七節之言。觀　上帝之言、蓋令人知前三十年、主所作
之事、皆　神所悅也。○尙論救主棄家一事、最足動人之感歎、尤爲吾人之矜式焉。蓋主雖　神性、猶是
人情、其居拏撒勒已三十年、其間故里之想念、風景之追思、主於此時、豈未知辭家遠出、必多受辛苦、而

被人陷害者。然至出而佈道之日、則初未稍遲其期、而有濡滯之心焉、故遂辭衆而往、躬任其責也。

三十一節

耶穌之被試太4:1—11。可1:12—13。路4:1—13。○耶穌受洗後、馬太路加並言被聖靈引至曠野。夫曰被引、則耶穌受試、蓋非魔鬼之謀、亦非突然之事、而皆出於　神謀可知。馬可言被聖靈催至曠野、玩催字之義、乃藉顯耶穌之心若何逼緊也。至其必於曠野者、蓋欲於僻靜之地、斟酌日後、若何而盡爲彌賽亞之職耳。蓋主雖爲　神（路2:49較翰5:18又見太16:17）然其　神之靈性、實隱於人性之中、且主降世時、保羅言其虛己降世、故其智慧之日漸增長、與衆無殊、特較速耳。○其受洗也、不惟自知無罪、且知己之受洗、有異常人、（說見上節）彼雖知此一切、然此三年中所作宣道之功、其行作或則如此、或則如彼、或諸事依己之、神能、或順　上帝之旨意、如何訓人、如何選徒、諸如此類、主心當必先有定章、否則與人無別、而行事之際、或則眩亂而反復、或則畔道而背謬矣。觀耶穌三次受試、可知魔鬼未來之先、已立志作　神之僕、諸事惟　神命是聽、且行事之際、皆取法於　神矣。魔鬼試主時、其或藉顯然之眞形、或與以方萌之惡念、今人不能確知、夫主既爲人、又希伯來四章十五節言、“乃於凡事亦被試、與我儕無異、”魔鬼常以惡意中之人心而試之、可知主之被試、大率亦類此也。

三十二節

首次被試○魔鬼此次試主之意、蓋欲以身之所缺、而變易其依　神之志、且以探其果爲　神子否也。

魔言”爾若 神之子“、其意蓋謂、前數日之言、若非幻景、使果爲 神子、奚必受此飢餓。此意若能中
之主心、主將自恃其能、試備食物矣。蓋人生飲食一節、原無罪戾可避、是乃隨其性耳。蓋此時、雖有 神
所賜之性、而有所缺乏、不足以給性之所嗜、故若能自行備此、何至受餓哉。觀此後數日、主以水變酒、又
其後凡有二次、能於無中造有、以食多人。從識變他物以爲食物、在主原優爲之、並非難事。惟此次之飢、
原出於 神之所定、苟不順 神之旨而從一己之私、卽屬叛 神矣。惟耶穌已堅定己志、雖死猶服、決
不徇己之私、必欲成 神之旨而後已。又觀魔鬼之試、乃欲耶穌仗恃一己之 神能、而行事焉、故言”
爾若 上帝子“。但基督欲使之知、此乃代人而受試、故答曰、”人之生、不第恃食、惟恃 上帝所出之
言也。“魔鬼已知卽此食物一事、僅能惑第一亞當耳、於第二亞當、已屬無濟矣。蓋在第二亞當、已知己
之受餓、乃 神欲以此相試、故決不徇其私心、而背棄 神旨也。由此次之相試觀之、可知吾人、無論受
難多少、不宜徇己、亦不可自恃、惟遵 神所言、盡己義務而已、不可輕違 神言、祇求便己也。
三十三節 二次被試○此次相試、正接首次、耶穌曰、人之生惟恃 神所出之言也、魔鬼答曰、此有神言爲憑、可將
爾之信、顯於衆前、因 神嘗曰、”主爲爾命其使者、以手扶爾“。遂乃攜之至聖京、置之殿頂、謂曰、“爾
若 上帝子、可投下、 神必護爾“。魔鬼於此、亦引經言、似藉耶穌之所依、令主堅信 神言、而自誤也。

視此次試主之語之由來、固接首次之試、然詳觀魔鬼用意所在、又與首次不同、蓋前此之試、止視耶穌肉體之所缺、今者之試、乃藉其爲彌賽亞之本心、而使誤行顯爲彌賽亞耳。若第試主之信、則山巔、崖岸、各處皆可、必置殿頂而導以投下者、使之儼若從天墜落也。使耶穌自負異能、聞言下投、並不受害、民必稱爲所望之救主矣、如此得稱爲彌賽亞、易何如之、榮莫加焉。此次顯主爲彌賽亞之計、其目的在令主不待　神志之呈露、而妄用其恃　神之心也。觀主之答辭、卽知似此行事、非恃　神也、乃疑　神而試之也。蓋人所誠恃者、皆不以法相試、惟試其所疑而已。故耶穌謂曰、”勿試主爾之　神。“主如此而破魔鬼之計、其心之清明可知。從主此次引用聖經、以答魔鬼、可知聖經一書、不可但按字句解釋（彼後1：20）、必以經解經始可。夫　神旣以人言而訓人、人若解之、宜亦如解人言也可。勿摘其數語、而强爲之說也。

三十四節

三次被試〇魔鬼旣不能惑主以肉體之所缺、及名之所欲、乃示以榮利而試之、使不事　神而事己。設主如此、則不能成救人之功矣。魔鬼此舉、殆亦有因、蓋約翰旣報　神國臨爾、按舊約（詩2：8及串珠）所云、　神業已將此國、許與彌賽亞。但求得之法、大非易事、故魔鬼云、此不必輕生冒險而獲之也。此國旣我主之、”若伏拜我、悉以予爾。“魔鬼如此許主、亦非空言、因維時天下諸國、皆其所轄也。（按是時除猶太小國）

三十五節

外皆敬偶像雖猶太亦其屬國（翰8：44）。若在常人、雖以細事相試、已將貪其賄賂、而爲所役使。獨至於主、
雖驟遭此絕大之試、亦能立發震怒、使鬼速離、味主此語、主亦顯其固自有權、足治凡屬撒但之區、故此
言之意、猶謂之曰、我弗拜爾、亦必獲之、勿庸拜爾、始獲諸國也。然其不拜魔鬼之大故、原在"當拜主爾
之 神、而獨事之"一節。細繹此言、見試主者、雖祇言拜而不言事、主知拜卽是事、決不肯拜而事之。由
是魔鬼試主之詭計、盡行呈露。在主事 神之念、亦因而持定。魔鬼已無所藉而害之、故遂去之也。觀主
之惟以 神旨爲法、尤爲吾儕所宜則傚也。觀上魔鬼試主以其誘人之故智卽食也名也利也然主有以勝之吾人之標準立矣
主被試總論○除上數節之意外、附列數條於下。一撒但試主之次第、乃始藉其口食所缺、繼乘其求榮
之念、終因其敬 神之心也。從知魔鬼試人、其序自下而上、先動以最下之嗜欲、終錮其最上之靈性耳。
再觀主答魔鬼、所引舊約之言（申8：3、6：16、13）、卽知 神救人之次序、（太6：33）異於魔鬼試人之
次序。其序乃自上而下、先以獲人之靈性、而命其專拜 神、以 神爲主、蓋人之所敬、久而益信。人苟以
神爲念、則 神必視其所缺、從而賜之用給、而欲可窒矣。二觀耶穌每次答復魔鬼、魔鬼皆不俟置辯、
立卽變更、或截然停止、可知人若堅持主言、無論際何境遇、惟法 神旨、魔鬼必無隙可乘也。三又觀魔
鬼、爲得主跪拜之故、至甘欲與主分國、則此事之難可知。魔鬼已知天下諸國、必將歸主、故思寧分權而

治之、不欲全數失去也。不思常人靈魂(可8：36)、尙貴於天下之貨利、而況於主之靈魂哉。四 觀耶穌引
用申命記書、不惟尊爲聖經。且藉作一己爲人之律法、可見人不宜輕視此卷。又觀主每引聖經、必擇適
符當境之辭義、已知其聖經之熟習矣。吾儕欲敵魔鬼、其亦常演聖靈之寶劍也可。五 參觀路加四：一、
十四兩節、卽知”滿於聖靈“與”滿於聖靈之能、”兩義正自有別。蓋第二義者、乃經試而戰勝魔鬼
之後、始識　神備人之抵制試探也。故常賜以聖靈、若人賴之而得勝、後必有益於己(雅1：2—4)。若
違之而被誘、或恃己之能勝、則所得聖靈之能力、必從而減少矣。六 耶穌勝魔而後、卽爲其主、此後聖書
中、遇主語魔之言、皆呵叱之詞、而非應對之語矣。鬼自此亦知耶穌之爲主、故見之而曰、”爾來苦我乎。
“每使鬼離人、鬼則聽其命而離之矣、七 得勝之後、”天使至而服役焉。“方受試時彼未來、以主爲人、
而順　神命受試也。經試而後、遂得使者之慰。可見吾人如不少讓魔鬼、　神必不昧我之苦心、亦可知
天使常恤主難、每欲助之、惟　神爲欲救人、故時或不許、俟主心苦已過、然後許之。觀其伺主也、守墓也、
與報其復活也、諸種樂伺之心、於此可見。至今得救者、猶藉以受　神之恩云(希1：14)。
救主歸招門徒○魔鬼雖聽命而去、然非不再試主也。路四：十三蓋譯作暫去耳 既去之後、耶穌繼得天使之服
役、故身心快然、徑赴約翰施洗之地焉。再觀受洗後、卽至曠野、又居野四旬、知差人之來、不在主赴野之

三十六節

前、乃近在四旬之末、蓋是時主已在其內也(翰1:26)。由此語亦可知、若云主之來、在耶路撒冷差人以後、則不合矣。(或註此云主已在行猶太人中)及主來後、約翰已畢第三工、乘機指耶穌爲 神之羔羊、且爲作證焉。耶穌之必至此處、不歸故里、亦不至耶路撒冷者、是或與約翰以作證之機、而令來阻之者、知彌賽亞之業已來至耳。約翰第一日所作之證、似乎無效。蓋法利賽人、既不受其洗(路7:30)、必不服其證也(翰7:48)。次日約翰卽向人指明耶穌爲將來之贖罪祭。又次日、將主向二徒指明。是時、耶穌始得門徒兩人、其一、名曰安得列、其一、書內未載其名、蓋約翰作書、不書己名、其例然也。此二徒者、與主自申正(或云午前十小時也)同住至晚。主所與言、經內未詳、但云至晚、兩人、各出報信。安得列遇其兄云、“我儕已遇彌賽亞”知主之所言、已使之心服也。(觀四十一節先字之意約翰此時蓋亦尋其兄雅各特安得列先遇其兄耳)

三十七節

主歸加利利〇明日、耶穌復歸加利利、其歸爲招集門徒、並固其信心耳。蓋繼此將赴耶路撒冷、故先顯其榮、使門徒不至因見棄於耶路撒冷、而生疑心焉耳。此知主在迦拏爲時無多、而所關甚要也(翰2:11)。於途又得門徒腓力、彼與彼得安得列、既屬同里、想由彼等導引至腓力所見聞於主者、約翰雖無記載、但腓力親炙所得、想已有所據、足識其爲彌賽亞、因返而尋其友人拏但業焉。由四十七節、見拏但業之爲人、殆如西面亞拏等、誠以色列人。然其心竊有疑焉、其意蓋謂、耶穌何能出於拏撒勒哉。腓力不與置辯、乃曰，來觀、其行可爲教會之準繩矣。拏但業見主時、卽稱，爲　神之子、以色列之王。"主之答之、自稱人子者、使之知主誠爲人、不惟作王於以色列、且如但以理所言、爲君於　神將立之天國焉。詳觀五十一節之意、乃由小而大、拏但業今已見一奇事、越幾日焉、必將見其較大者、又其後焉、且遂見其尤大者、甚至得見主二次降臨而目睹，使者陟降於人子之上矣。"○觀約翰二十一：二、致知拏但業乃加利利之迦拏人、其被招時、在無花果樹之下、然此地必非己院、或道旁樹耳、主之至於迦拏也、其行路之歷時、或一日而已至、或一日有餘而能至、惟䚀約翰此時在何地而施洗、與迦拏之所在、二者皆未確知、見上二十九節故其行路歷時之久暫、亦無從決定耳。

三十八節

主在迦拏翰2：1－11。○約翰此處所稱之第三日、其起算之說、或曰自見拏但業之日、或又曰自來至迦拏之日也、各執其說、言人人殊。據伊氏云、猶太人計算日數、概不列作事首日在內、由此計之、主蓋於拜五由野而歸、拜六猶太安息日收兩門徒、禮拜本日、卽行往迦拏、拜一尙在途中、拜二至迦拏、拜三卽赴婚筵、婚禮之行、適爲拜三、然如此計算、仍不甚確。說見上節之末觀五節所云、此家似係馬利亞之親屬、故耶穌與其徒、皆被邀請也。於此未言約瑟、或已歿也○所行之　神蹟、見七節云，耶穌謂役曰、以水盈甕、遂盈之至口、"其必如此、蓋欲衆知滿甕者水、固非酒也、藉此以堅人信心耳、詳思此異兆之緣起、與他處不同、蓋他處奇事、止於救人、而藉顯主榮。此事之作、並欲顯主之力、能兼造物、可隨意而改易物性、以自顯其榮也。耶穌至此時、身任彌賽亞之職、因示家人知、不能如前之聽從馬利亞也。其出世時、神猶常顯異兆、後此居家多年、一如常人之聽命於母、故馬利亞此時、仍如此命之。然馬利亞似亦知其有異能、而望之行奇事也。（已聞門徒之言益足知其爲彌賽亞）耶穌雖答其言而責之、然未言其不行奇事也。蓋云、"我時未至也。"馬利亞已會其意、知主之行異蹟與否、原不聽人指使、是則仍有望也、故謂諸僕姑聽命焉。天主教因第三節所記、以馬利亞之祈禱爲大有能力、抑知此次惟欲作中保、始被責乎。觀十一節、亦知主之行此奇事、固非以應馬利亞之求、亦非藉補衆人之缺、乃顯其榮耀、而生門徒之信心也。耶穌呼之以婦、此語亦無輕視之意、蓋主託母於約翰時、亦稱此名、彼時豈責讓之辭、存輕視之心哉。○此後（12）耶穌與其母及弟兄、暨諸門徒、同適迦伯農、是地此後、即爲其所居之本城（太9:1）。其母與弟兄之離拏撒勒而至迦伯農者、書未言及、夫主既與之同往、顯見彌賽亞原不恥昆季之無慧、且有懷鄉之常情也。此時耶穌年已三十、使書內所稱之弟兄、係其表弟、則年齡已非幼少、而尚長養姨家、非笑柄乎。若在馬利亞親生之子、則其年雖已成丁、相從而行、不爲過矣。（耶穌未幾即過節於耶路撒冷而主後二十七年之逾越節乃西歷之四月十一日至十八日可知主受洗時約在正月也今希利尼教天主教及安立甘會皆守西歷正月初六爲主受洗之日惟不止爲此意守之）

三十九節

主受試附論〇耶穌之受試、按新譯本馬太四：一云、主"禁食四十晝夜則飢。"繼言試者前來、似魔俟主之已飢而後至者。路加四：二云、"四旬見試於魔、未嘗禁食、卒期乃飢。"繼此第三節、魔謂之云云。按此二處、雖並言大試三次、皆於飢後。路加似云前四旬中、已嘗受試、而茲祇列其二解。一馬太未言主無四旬被試之事、第言既飢而魔至耳。詳觀此說之意、似與路加所記、未嘗不符。蓋兩書意之所重、不在主之被試、有在家在野四旬以內之殊、而在四旬後三次受試之皆大也。二按路加四：一（官話和合繙譯）依英文新譯本將"引至曠野"一句之句讀、落下三字作句、如此讀之、則亦與馬太相合。二說未審孰是、因原文本無句點、而譯本雖有句點、又未必無誤也。據第二說、未增以意、卽爲較勝耳。至主受試之序、則馬太路加所記、已不相同。觀其行文所用之承接字、知馬太乃按事之序而記之、一事記畢、次記後事。按第五節云、"魔遂攜之至聖京。"遂字有直接之意。至第八節之又字、更以遞及爲文、是皆有次第在也。路加不然、三試不分前後、概用也字承上起下。路加之改易次序、有云聖靈蓋使人知人之受試、其序未必盡同、此說固是、然未必卽爲此處之眞解也。蓋人感聖靈之啓示、記出其事可耳、固不在必循其序也。按此一說、聖經多有其據、路加之改易次序、意者其所以爲大者卽列於後耳。〇攷主被試之地、率云在約但河東、亦多稱當在死海東者。然馬太馬可兩書祇云、主自加利利至約但河、而受洗。路加四：一則云、自約但河歸後、乃被試。若遇魔時、原在河東、能云歸乎。或又云、其地蓋在死海之西、或附近耶利哥之野者。此說雖屬較優、然於歸字之意、亦不能確鑿解明也。

耶穌實錄講義　第二段　自主受洗至第一逾越節　四十七

耶穌實錄講義　第二段　自主受洗至第一逾越節　四十八

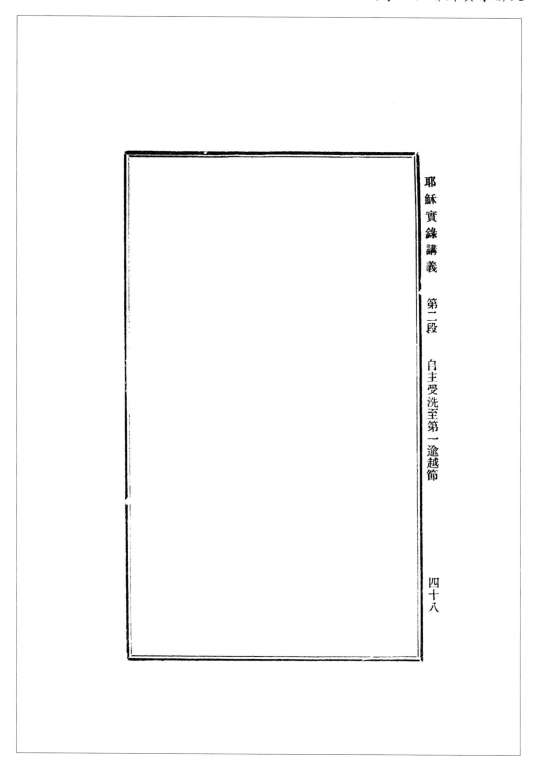

四十節

第三段　自第一至第二逾越節

自此段至耶穌末次往耶路撒冷其間次序諸史人各執一說難以核定此段姑從李氏Riddle所列之序

主後二十七年之逾越節翰2：13—3：21。○按馬拉基三章首數節、主必忽至其殿、而潔淨之、並整飭利未之子、主之初次（翰2：13—25）至於耶路撒冷、實應此預言。似此行作、猶報己爲彌賽亞、理宜於父家爲主也。或云、主在耶路撒冷時、以此自顯、而獲罪官長、此明哲所不爲也、抑思主進殿時、目睹非理之事、置之歟、抑責之歟、苟不責之、即縱之矣、此非主所爲也。考猶太史記、彼時聖殿、風俗極爲不美。聖殿常例、凡猶太人已成丁者、每歲例納殿稅半舍克勒。約等六角當時行用此銀幣者、惟猶太加利利兩省而已。羅馬國尚不通行、故聖殿中、有兌錢者坐焉、以便客也。兌換雖有定數、然而銀色銖兩、不無低下短少之處。或地遠異制、有行用不便之弊、恆藉此與民衆爲難。職是之由、故聖殿非祈禱之所、爲喧嚷之區矣。按兌錢固不可廢然不宜於聖殿也此外獻祭所需之牲、亦設有殿市、獻祭人等、隨便可買牛、羊、雛鴿、等物、時有自行攜至者、亦或有買之他處者、然每遇此情節、須經祭司查驗方可、故有查費焉、因此買殿市中之已查者、其事較便。殿市乃大祭司管之、維時儻遇貪財之祭司、如亞拏、該亞法輩、其弊不勝言矣。考猶太史記、知其勒索貧人、習爲常事、甚有雛鴿一雙、價洋約八元、時有大啦吡、名西面者、心不平、至晚、竟落至一角二分以下。一日瞰殿市、賣牲者少、故昂其價。有大啦吡不平、遂命役人、牽至羊以三千數。觀此行事、主之稱爲賊巢、蓋非過也。耶路撒冷被滅前三年、衆民怒甚、遂罷其殿市之例、宜矣。祭司長如此圖利、民蓄恨已久、故主之潔除聖殿、彼等恐拂衆意、憚於禁制、因向主問難、以生衆疑、使主失權、則後仍可依舊行詐矣。觀主答詞 一彰顯其預知之能。二藉固門徒信心。三以杜敵人之口。祭司因受辱衆前、未能忘懷、故此後三年、復以此語告於主焉（太26：61）。主雖未如所求、然爲之行別項異蹟、已令人信服、故信之者衆（翰2：23）。惟其相信之故、非因悅道、乃因見主有神能而然、則非安得列約翰等之信主矣。故主之"不以己託之、"一如託憑理而信者焉。主居城無幾時、然從尼哥底母夜間詣主觀之、可知仕宦、鮮有不恨之者。至主過節時所爲、約翰雖未明言、然觀二章二十三節、與三章二節、卽知屢次行有異蹟。且觀尼哥底母之稱爲啦吡、可知其訓人之時、蓋已多矣。合而觀之、主之言行、足使凡有誠心之人、知其爲　神所差也。

四十一節

耶穌布道猶太之日攷〇耶穌居耶路撒冷爲日幾何、聖書闕如。惟約翰三：二十二言、"厥後耶穌與其門徒、至猶太地。然至之地、與所歷時日、概未言及。意者約有八九月耳、蓋其歸加利利也（翰4：35）、主曰、"尚有四月、而穫時至"。夫收穫之日、既與逾越節首日同時、是猶言再歷四月、卽至逾越節耳。按此計之、從二十七年之逾越節、至耶穌回加利利時、凡歷八九月之久、歸時約在西歷臘月間。駁者云、設如此計之、是耶穌傳道、約及一年、始派使徒。又此八九月中之功、皆前三福音所未詳載也。答之者曰、此二說焉。一使徒門徒原自有別。使徒者、主所選於門徒中者也。方未派使徒之先、如約翰彼得等者、皆門徒而已。蓋已相從多日、不過未派爲使徒而已。可見主派使徒之功、並無關其布道於猶太也。二前三福音、俱未記主布道猶太事、因其布道之有效者、皆從歸於加利利而起也（太4：12。可1：14。路4：14）。以人視之、在猶太布道數月、皆屬徒勞、故前三福音、皆畧而未記。惟約翰單記耶穌在加利利周遊布道之事、多記其在耶路撒冷宣講之言論、及末七日之事實、故所錄與前三福音、時地多有不同也。

四十二節

耶穌施洗（約3：22—24）。〇耶穌施洗之地、未能確知、意者約與約翰施洗之地相近耳、蓋門徒能以歸主者、與歸約翰者相較也。約翰此時蓋在哀嫩、此非約但河之渡口、因二十三節云、"其地多水"。若係濱河、則不註作此語。觀二十六節、知哀嫩亦不在比利亞、然未知究爲猶太何地、故歷史諸說、紛紛不一。由約翰四：二、可知非耶穌自行施洗、乃其徒奉之施洗也。此後、遂無施洗之事。或者曰、何後此未聞其施洗、而此時施洗哉。伊氏云、彼時於猶太有耶穌約翰同時並出之大教員焉、儻行作各別、則人易分黨、此歸耶穌、而彼屬約翰矣。故於約翰未囚之前、主卽乘機指示衆人、知其行作原自相同。此乃主爲約翰作證也。約翰門徒以後、或心忌之、耶穌亦不介意此事、以爲有約翰爲之師、自必乘機爲主作證也。觀約翰三：二十五六、知約翰門徒嫉之之故、乃猶太人所使。否則此二節之文、不能承上而起下矣。又觀二十六節、似敵人業有輕視約翰之言、如云、人盡歸耶穌矣、爾師何足輕重者。約翰答門徒之言、卽新約所載、其末次爲主作證之語也。依安氏Andrews說耶穌洗施與約翰同一目的皆藉表國民悔改之禮惟諸有位者皆棄神之恩而不肯來故主在猶太地稍爲遲延在平民則有功而在上等之祭司仕宦與文士暨法利賽人獨無效也因彼等"自暴而拒神之旨"故耳

四十三節 約翰被逮〇按約翰四：一、似主之退歸加利利、乃因聞約翰門徒嫉之而然。及觀馬太四：十二、係因聞約翰被逮故也。有人云、馬太約翰非指一時、蓋耶穌歸加利利、凡有二次也。一在臘月（翰4：3）、爲免約翰門徒、生有嫉心也。一在約翰繫獄之後（太4：12）、乃在約翰五：一、所言之節之後（翰6：1）。惜按此說、則耶穌自臘月至四月、皆不傳道、而隱居加利利矣。耶穌已受彌賽亞之職、必不輕視要務如此。約翰既繫希律安提帕（卽羅馬皇所封於加利利之王）之獄、則是時在約但河東、希律屬下。而耶穌竟違不隸希律之猶太、適屬於希律之加利利、其行事有似冒險。然參觀馬太約翰兩書、理自曉然。蓋法利賽人、不惟恨約翰也、且恨耶穌。約翰既繫希律之監、如彼聞歸主之人、多於約翰、必將尋法以害主。惟然、必由法利賽人稠密之地、而退居故所。然後雖在希律之屬地、庶幾可免猶太人之謀害耳。彼等見耶穌退卻、遂若己勝、

姑舍之矣。耶穌雖係暫爲卻避、必不懷有懼心、閒以宣道之事、尙未告成。且民間長老等、若多懷忿恨、則必益難爲力、故暫爲避去也。

四十四節

耶穌經行撒馬利亞之原因翰4：3－4。〇自猶太至加利利、有捷徑焉、卽由撒馬利亞經過者。然此亦非必經之路、惟詳觀約翰繫獄之情事、則"必須"二字、其義立見。據約色弗云、希律禁約翰於死海東、馬克路堡。希律至此、蓋因出妻之故。其妻亞拉伯王亞哩達女也、希律出之、而娶希羅底焉。亞哩達怒、將討之、故希律率兵防禦、保其疆土、遂至比利亞。南希律既已在此、主若仍行東路、則與希律相近、而法利賽人或乘機而與主爲難、故改而由此也。

四十五節

耶穌在敘加翰4：5－42。〇按敘加人既至雅各井取水、其地與井相近可知、是地多泉、乃別有此井、蓋彼地土人、不欲與雅各以取水之便也。六節云、主至此"時約午正"。依希文言、見英文新譯本蓋第六時也。若按羅馬分時之法、則爲午前六小時、或午後六小時。按猶太法、當爲午正。設午後六小時、門徒必急覓客房、不能更購食物矣。且日色薄暮、女子出汲、爲時無幾、主何能談論如是之久乎。故註者率云、約翰於此、其計時蓋本猶太之例。然尙有駁其說者、以爲約翰書內、他處皆依羅馬法、何此獨援猶太例乎。此說稍爲近理、蓋云時爲午後、不如記爲午前六小時、或照英文新譯本、仍依原文作第六時辰、令人自揣而得之也、愚從 Griswell and McKnight 之說、以午前六小時之說、爲較勝云。蓋猶太人行路常例、畧似中國、率先行一程、始用晨膳。主此時、未派使徒、故彼等未必皆與主同行、而主與婦人所論、或爲旁觀所記。蓋約翰未言無他人在焉、但言其門徒、"入邑市食"而已。亦或此婦或鄰里、告諸約翰者、今已不可攷矣。婦人見主所著衣、聽主語音、已知其爲猶太人。然其所奇者、猶有二事焉。一因男子與不相識之婦女接談。二以猶太人求於撒馬利亞人。（九節"蓋猶太人與撒馬利亞人不相往來也"古卷多未記此即有之亦不宜言之過當因觀八節所云非兩處之人絕無來往特素少往來而已）詳思耶穌之教婦人、其法同於教尼哥底母焉。蓋先有以起二人奇異之觀念也。（由3:4與4:11、12觀之人欲洞悉眞道非聖靈開導則世之哲人同於無智之女子）觀此後、耶穌命之呼其夫、可知主欲即其已知之事、教以所未知之理、使知己非常人也。否則此婦、必以主之所言、特猶太人之常言、偏而不公、不足信矣。由第十七八兩節所言、婦人已知與己言者、必係先知。能判猶太人與撒馬利亞人五百年所爭敬　神之所。耶穌遂藉己爲先知之能、使知己乃彌賽亞焉。以故、不惟此婦信之、即城內之衆、亦信其爲救主矣。惟此後人之信主（42）、非悉因此婦之語、亦非因睹異蹟、乃自親聞其道、即知其誠爲救世主也。於此名稱、可知其意之所得、乃使徒得於主復活之後者。要之、但聆其理、即能信之、皆主所悅也（翰20:29）、因主之臨世、第爲眞理作證而已。

四十六節

耶穌入加利利（翰4:43—45）。○耶穌既至加利利、此處之人、遂相接納者、因前次八月、過節耶路撒冷時、曾睹其行有神蹟也。四十四節云、“先知在故土、不見尊。”按此故土二字、非指加利利、乃指猶太而言、蓋主雖長於加利利、實生於猶太也。且耶路撒冷、實彌賽亞所王之京都也。觀數節之語脉、知其亦指猶太而言、蓋接納之者加利利人、踈之者皆猶太人也。此次主入加利利（太4:12。可1:14—15。路4:14）、乃宣道北方之始、除在耶路撒冷過節一次外、在此宣道、蓋幾有年半之久矣。有謂“本土”二字乃指加利利者、其說云主在加利利初未者名、至行異蹟於耶路撒冷、得名而歸、自此人始尊之

四十七節

主之權能不以地限（翰4:46—54）。○主至加利利、而先至迦拏者、非爲寄宿於拏但業之家也。蓋主斯時、家於迦百農矣。迦拏之人、已見主榮、故歡迎之心、亦較切於他處焉。惟此時之人、雖知主有異能、然不奉之爲 神者、蓋以主必親涖其所、始能行奇事也。即此所言之大臣、雖已稱之爲主、猶斤斤然、思得主一親詣其家、始可觀其兩次求主親往可知。“耶穌語之曰、若不見異蹟奇事、爾曹必不信也。”觀爾曹二字、知此言不惟責大臣、兼責衆人矣。即所言之信字、非謂其不信主之能行奇事、蓋大臣已具此信、特其信主、止於信爲先知而已。故求主必至其家行奇事焉（王下4:18—37）。主於此欲令知己之誠有 神能也、故云、“往哉、爾子生矣。”五十三節、繼言其子已生、已及舉家皆信、顯見五十節所稱之信

字、與五十三節所言、原有差別、蓋彼僅信其爲先知、至此始信其爲彌賽亞也。從路加四：二十三至二十六節可知此一奇事旋即傳聞各處又此大臣似係外族人也

四十八節

耶穌在拏撒勒會堂（路4：16—30）。○主既行前奇事後、未幾即旋故里。按安息日常例、入會堂焉。衆人聞彼之行奇事也、皆屬目焉、聽其宣講奇其言論。思主此時居家、與昔時不同。前居此城其年方幼、故在會堂、不能與成人並坐。人亦無請其宣講者。此次一聞所講、實出望外。其所以有此非常之趣者、或此會堂、即主前三十年、素敬天父之所、故於此更有感情歟。至其所講、路加祇記其題（18—19）、及論說之大畧（21）。講畢、衆皆稱之、又云”此非約瑟之子乎“。觀其意念如此、是皆以主有宣講之才耳。主雖云、”今日此經應於爾耳“、彼等仍不留意、以其無非講書而已。在主亦知衆人意之所存。意謂爾於迦百農爲屬外族之大臣所顯大能、宜更於己城、對於本國之子民而亦顯之。故引舊約以爲　神必不爾之據焉。使知人之由主、獲益與否、悉聽其人信心之奚如也。無如衆人聞此怒甚、遂”起而逐之邑外、又曳至山崖、欲投之下“。至此、耶穌復顯其尊榮、徑行大衆中、東行而之迦百農焉。觀拏撒勒人、此等之行事、識其蒙此惡名（翰1：46）、良有以也。夫主特以己之聖經、藉證　神之賜恩、未必先徧猶太人耳。邑民竟由此怒甚、遂欲害其同居三十年、無可指摘之完人乎。前此已被棄絕於殿中、至此復見斥逐

於故里、此則耶穌之所尤心傷者耳。
四十九節 耶穌家於迦百農太4：13—17。路4：31。○路加云、耶穌既見逐於拏撒勒、遂適迦百農、又按馬太
四：十三、知後此遂家於此。惟未能必卽其移居之時、因約翰二：十二言、其舉家業已居此、第其日未
久耳。未知此時門徒與同在否、約翰雖記云、在叙加尙與主偕、然此後至迦拏及拏撒勒時、皆未言及、意
歸加利利時、在外既已歷九月、故相率而暫時告歸也。然此非因不信主而歸、乃主於此時、尙未教以離
棄一切、而相從也。
五十節 招四門徒爲常侶太4：18—22可1：16路5：1—11。○觀路加五：一、知主於迦百農未招四
門徒之先、布道已久、感動衆人、故甫至湖岸、衆人紛集焉。至此、復應先知所言、”處暗之民、目睹巨光、以
起而就之矣。“日者（路2）、耶穌立湖濱、人聚觀者甚衆、身不得前。主遂藉彼得之舟、以爲講臺、闡明眞
道、以訓衆人。至此始免擁擠、且獲講書之便。講畢、遂命彼得舉網捕魚、如言捕之、得魚多甚。此事之奇、不
奇魚之多、（因魚在水中成羣游泳）而奇主預知魚所在也。彼得於此、見主有燭照之能、卽知其必能洞澈人心、立
覺己在主前、無以自立者然。故求主云、”主其去我、我罪人也“。主之顯此　神能、乃欲人知恃人力者、
雖營營一生、（或終夜）亦歸徒勞。恃主能者、則得人一如得魚矣。此一奇事、不惟預表彼得此三年後之效（一

五十一節

使2:38—41)、且使門徒知、聽主命而棄平素之事業、必無缺乏也(路2:35)。惟時約翰雅各前來相助、後乃回至己船、耶穌至其泊舟之所、招令從己焉。此不過招四人以爲常侶耳〇彼得於他奇蹟而不如此驚異蓋漁業乃其所素悉得此多魚在漁時之已過時也

耶穌守安息於迦百農太8:14—17可1:21—34路4:31—41〇按路加記此日之事、似當在本卷四十九節之先、然據馬可(20—21)所錄、則在四徒被招之後、此實耶穌顯其大能之日也。先在會堂訓衆、繼逐邪鬼、次醫彼得岳母、及暮、附近之人咸集、多得醫者。據鬼所言、見主當日講道、大有能力、不惟人奇之(可22。路32)、卽鬼亦懼之、以爲將滅己也(路34)。然主臨世、非第爲勝鬼、兼爲消除挫折者、釋令自由(路18)、故命鬼去之(35)。且使緘口焉、蓋主不欲藉鬼之證、鬼爲作證必非善意資鬼之力而立天國於世也。先時人惟奇其訓誨(32)、至此(36)遂相率而駭其異能矣。衆之來於會堂、特守禮拜而已、及聞主所講、則"致相問曰、此何耶、乃新教也"(可27)。如是耶穌之聞望廣傳達加利利之四境矣。會堂禮拜、至午各散、是時主入彼得之家、又見罪之結果而立責之。路三十五節之責字與三十九節之斥責原文並同用一字觀他處與串珠率以人生諸病皆神恣鬼加與人者 彼得之妻母遂愈、而供事之。從知主之來此、乃爲彼得所邀、至家而用午餐者、耶穌安息於彼得之家、邑民遂將佳音、速報各處、故至晚、卽(路40)"有

攜病者、及爲鬼祟者、就耶穌"。主概醫其病而逐其鬼矣。來人之數、尚未悉知、意濱湖之區、人烟稠密、蒙恩之人、當亦非少、既已醫愈各種疾病、是此日患病死亡之權、皆爲主所勝也。馬拉基四：二之言、亦應於此。此次衆不以犯安息日者責主、惟謹防己之有犯耳。故俟日既入然後來此、必如是者、蓋按猶太人分日之例、方日已入、卽不屬安息而爲拜一故也。

五十二節

耶穌初布道於加利利可1：35—39。路4：42—44。○主預知次日尋之者多、故平旦卽之野外、蓋主之奉差、非祇爲行奇以駭衆、所重乃(路4 3)傳　神國之將至、又迦百農地所得之據已足故也。明日果有多人尋之、惟主已適野、不欲復歸耳。據馬可一：三十五云、主雖至野、初未遷至他處布道、從知主雖有時不暇飲食、蓋無日而不祈禱也。此次居外、諸福音書、概未記其時日之多寡、然馬太四：二十三言、主周流於加利利、馬太路加又言、訓人於各會堂。據約色弗云、加利利省之城邑大鎭、計共二百有四、知此次在外、蓋約有數月之久矣。

五十三節

醫患癩者太8：2—4。可1：40—45。路5：12—16。○救主醫癩疾之異蹟、素不經見、意患此疾者、不得入城(利13：46)、故其得聞耶穌之名、較晚於他人歟。抑或聞之、而不敢近前歟。蓋當時、拘於衆啦吡之論、謂宜嚴待彼等。舊約時代、以色列國例雖較寬、然在猶太、尚未聞患是疾者、得至先知之前、而蒙醫也。主在迦百農雖經親醫各種病疾、而猶太醫書、不列癩疾於症科內、（馬太10：8亦同此意）以爲此　神降之罰、非人所能爲力也。主前此未醫是疾、而此人推知主之有此大能者、或由當時所風聞、或由在鄉曲所親見、當非無因、然未敢遥求也。其時若冀之、若求之、請於主曰、"主若肯必能潔我"。耶穌遂示以無懼之心、爲他人所不敢爲、而"伸手捫之"。如是足令凡患癩者、知其無懼、如此皆得坦然來前、而蒙醫矣。主之令就祭司查驗者、特以律法尚未成就、宜謹守之、囑其勿告人之故、其意與離迦百農之故同、蓋業能醫癩、更能醫他病。此信一經傳揚、布道之志、恐難遂矣。然而異能奇兆、有若香膏之在瓶、一開其瓶、奇香四溢。當是時也。求醫者來觀者、其人甚衆、主遂不得入城、觀主使其勿語外人、可知與主同在時、惟患癩者一人而已。（不惟如傳言所禁六尺之內無人並無旁觀者）此後來者之所以甚衆、想因加利利人之繁庶耳。（地之寬數雖不踰九十里長僅百八十里其人民蓋不下三百萬也）

五十四節

第三次至迦百農醫風癱者（太9：1—8。可2：1—12。路5：17—26。）○按聖經言、耶穌此次行遍加利利、觀馬太(1)似兼至提比利亞湖東岸之地者、（然乘舟以至本城或由湖南登舟或由湖西之加利利地登舟亦可）比其反也、聲名已洋溢四境、甚至有從猶太及耶路撒冷而來觀者。耶路撒冷與加利利兩處來者、在聖經未嘗別之、知其來意、未必與主爲敵、特欲觀奇蹟、聆宣講耳。迨主入城、人已皆知、故聽者益衆、不惟房院中皆滿、即門外街前、亦無隙地。街衢之人、雖素皆讓道於舁病者、然既値如此擁擠、亦無可如何。此舁病者不得已、遂登而行於房頂之上也。至其拆毀房頂、而縋下病人、宜思猶太房舍、規模畧似中國院之四圍、皆有房舍、其前有廈、惟房頂多作平式、覆築以土、平鋪磚石於上。焉架廈之木、特以檠瓦而已。耶穌對衆人宣講、蓋立門間、如是房內之尊輩、院中之平民、兩處皆便於聽聞。舁人所拆之房頂、意乃廈耳。不然、房外諸人、尙能避灰塵之飛落、屋內聽者、此時何堪坐立乎。舁者急迫至此、固信主之確有大能。又前時主在迦百農、味爽遂行、恐復失之也。既無別法可入、又恐此機之失、勢必拆穿房頂、從上縋下矣。此人所患之病、或緣邪行而起。病人雖信主能醫之、又恐己罪之已重、故耶穌（太2）先慰之曰、"小子、張爾膽、爾罪赦矣"。此奇跡之要訓也、信心足者、罪雖大、亦將赦之、況小者乎。回思自迦拏至此、中間主所行事、知其大榮有日彰者。於奇事一、人知爲造物主也。於奇事二、識其權能、有非方所所能限也。於奇事三、知其靈明能燭照一切、而靡所遺也。於奇事四、知雖鬼亦聽命、且主爲魔鬼之主也。於奇事五、知其能除一切苦、求醫治者、莫不愈也。於奇事六、知癩亦就痊、疾之痼者、亦遂潔也。於奇事七、識其有赦罪之能、主卽 神也。且也癩可潔、是顯有淨潔人心之能、一言若已潔罪之外表、（卽癩）一言旋卽潔罪於內心也。風癱可已、又顯有稱人爲義之能、罪無不可赦者、蓋以信其主也、己非義人、若知信主、卽可稱爲義也、"爾罪赦矣"一言、竟取怒於文士與法利賽人。抑思一言而風癱愈、此唯　神者能之、主既能之、不亦能赦罪乎。此實應詩篇七十六：十之言、"爾因人怒顯現榮美"。故衆人遂頌　神曰、"今日見意外之事矣。"此猶以色列人見　神火、降加密山上、卽呼云、"耶和華爲　神。"又經云、"餘怒爾皆禁止。"二事情事畧同、故文士等雖怒之、亦未敢害主也、

五十五節

馬太被召（太9:9-13。可2:13-17。路5:27-32）觀馬可二：十三、卽知主行至湖濱時、見利未坐稅關中、按此知稅關非大、蓋關之較大者、每不自坐於此、乃其僕人坐之。（利未者、希百來名、馬太者、加利利名也）此關既在湖邊、（耶穌曾講道於此）馬太聞主所講、睹其大能、甚悅之、但衆人素惡稅吏、爲其代羅馬收稅、且多取爲慮、衆意此類之人、主必不招之。乃衆人聞主講道時、適彼有暇、亦來聽論。及主來至、已深信之、故主此時、祇言從我、彼爲愛主之心所勝、遂捐棄一切、及其職守、而從主焉。主之特招馬太、一人已知主能恕罪、未知究竟奚如、馬太且猶被招、在他罪人從可知矣。一又主招馬太、其同人因而有厚望焉。蓋是時法利賽人之律、如爲稅吏者、卽行逐出教會。又謂除以色列（卽其教會）外、更無得救之門、似此舉事、是閉大國之門矣。而耶穌於中招得一人、以爲帘侶、其餘遂有厚望矣、故馬太樂甚、設席欵主。時有多稅吏及罪人偕至。三欲藉法利賽人之私議、使人盡知得救者、非平素之義人、乃自認其罪之人也。猶太舊籍、恆言如稅吏者、

必不能悔改、耶穌則云、"我來非招義人、乃招罪人耳"。思此三義者、謂主能卻馬太之請、坐失此機也哉。主既選一稅吏、以爲常侶、法利賽人益難相信、主於彼等、已少有悔改之望矣。法利賽人又逞其詭計、不遽至主前唆事、乃對於新得之門徒、發有怨言、謂其徒曰、"爾師與稅吏罪人共食乎"。彼等此舉、蓋使門徒、疑主斯行、當有別故、若係無故、卽爲昧禮節、而以爲可恥。法利賽人之如此唆事、其法前已用於約翰之徒(翰3:26)、此蓋復用其故智也。

附錄一 會堂〇會堂一節、概未見於舊約。據猶太人言、始於被擄至巴比倫時。維時不得於聖殿事主、及歸國後、不通希伯來文、惟通加勒底文、必有人從旁繙譯、始能洞悉聖經(尼8:7—8)。以故乃倣被擄之時、會堂林立、令人皆讀聖經、且爲講明焉。後此復加祈禱、講書二事。先時惟遇安息及節期、其門始開。於後每日有小禮拜、拜一拜四、需時較多、因此二日、蓋係市期、後此又改稱會日。寓居外方之猶太人、如在波斯巴比倫等國者、更爲緊要、蓋不能常詣聖殿、故修建會堂、極其美麗。攷其建立會堂之例、自古已有二事。一如某處未有閒暇文士十人、料理會堂、概不準立。其定以十數者、意蓋以民數記十四:二十七、稱偵諜十人爲會。二堂內祈禱時、不可向東(結8:16)。有人云、宜向耶路撒冷、又有人云、在猶太加利利無論南北與西向之皆可、蓋是地皆上帝所在也。堂內之坐次、男女各別、其南有似盛約櫃之箱、聖經在爲櫃前設幔、幔前有燈、與在聖殿者同。此堂雖遜於聖殿之聖潔、然人皆以爲禱於會堂、較在家稍爲有力也。平民不準在內飲食戲謔、並禁在內乘涼避雨、惟啦吡及其徒、許在內飲食。安息之日、早赴會堂。來會之時、其行欲速、踴躍從事、所以表喜悅之心。散堂而後、其行欲遲、所以示眷戀之意。料理會者、（路加四章二十節譯作執事）必以端人充之、謙而不驕、熟悉聖經、語言清晰、衣服整齊。此職在本疃之教讀者、可兼爲之。會堂之董、最大者名曰會董長、（卽使18:8所言之管會堂者也）此外職任之要者爲繙譯、安息日每延七人、按序宣講。此外自三人至六人不等、先讀律法書、畢後、次讀先知書及他經。讀者皆用希伯來文、讀畢數節、繙譯遂用鄉談、說明大意。使有衆共聞之。講書時、大啦吡雖洞悉鄉談、亦不逕對有衆宣講、（蓋以爲似此失其尊重）低聲以希伯來文、語與繙譯、使轉對有衆講明。上等大啦吡、（卽聖經所言啦噉呢也）有時並繙譯亦不用、必自攜己生、藉作繙譯。爲由上所言、卽識民喜聆耶穌講道之故矣（太7:29）。至宣講人之性質與資格、按猶太古書云、宜熟聖經二十四卷、與新婦之熟識其二十四佩帶同、且容貌欲和悅而可親、口給欲敏捷而清朗、聲音欲清婉而足聽、甘言如蜜、如新婦對新郎言者。又須有文學、心中鎭定不急。其要者、又欲和氣不責人、蓋摩西責以色列人之剛愎、故　神不令得入迦南、以利亞責以色列之背約、　神令以利沙代之爲先知。以賽亞（6:5）言吾居於口不潔之民中、"天使因以熾紅之炭、近其口。謂似此荒唐之謬解、異乎主所

五十七節

講者、焉有養育靈魂之能乎、雖未必皆徹然、亦不爲少矣。

附錄二 稅吏○按猶太書、稅吏蓋分二等、一掌收地丁、與進口貨稅。二掌收海關、釐卡等稅。兩者人皆輕之。其輕視一等者、因耶和華爲猶太王、百物皆其所有、此外爲他君收稅、卽爲不忠。其輕視二等者、卽馬太所充者 因此等稅吏、常向人勒索、有違經訓、故人尤惡之、因是不爲人所服、遇有待質事案、並無援爲左證、及用以判斷是非者。其一等稅吏所收之稅、地糧十分之一、酒及果品五分之一、進項百分之一、人不分自主爲奴、男子十四至六十五、女子十二至六十五、概收有丁稅。其二等稅吏所收、凡出入口貨、及售於市中之物、車船及負運之牲畜、一例收稅。卽領有執照作生理者、亦取稅焉。若係必用之貨、按其售價、取四十分之一、至二十分之一不等。如遇豪奢所用、精緻物品、八分之一。此外橋道、河口、河壩等處、一律收稅。此類卡口甚多、於行旅最爲不便、蓋常勘驗行李。有時信函、亦被拆裂。又常欺人、往往牽去他人之驢、而以劣者易之。又善於趨赴、於其友之有勢者、卽少取之、其無力而弱者、則多收、其取人憎惡固已。如此又有害人之道德、蓋思設法免稅、如有貨而詭云送　神之禮、於僕而假託己子、諸多漏稅之法。衆啦吡且猶準之、蓋任用何法、而誆稅吏、亦爲美事也。時雖受此壓制、然較屬羅馬之初、已爲稍輕、蓋前時屬地之稅、盡包攬於羅馬之富家、向民討取、不遺餘力。後該撒猶流懲此惡俗、改令各地派有稅吏。收稅奉上、幾畧同中國之法矣。

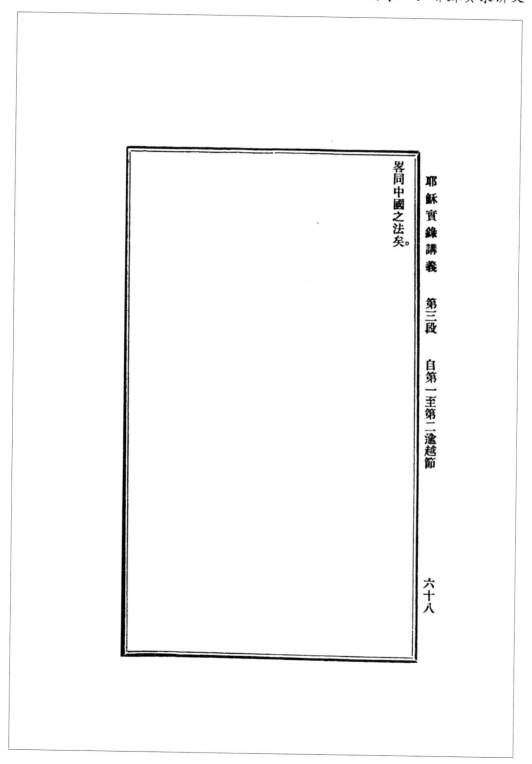

第四段　自第二逾越節至第三逾越節

五十八節 主降生後二十八年之逾越節（翰5：1）。〇從主受洗、以至遇難、其中布道之時間、或二年有餘、或三年有餘、未可決定。若約翰五：一所言之節期、係逾越節、則是三年餘、若此一節期、爲約翰二：十三與六：四所載兩逾越節中、他項節期、是則主之布道、僅二年餘耳。約翰在此未言何節、故著合參者、各執一說。或云、約翰每言逾越節、則必明言之、此未明言、故知非逾越節也。然約翰於他項節期、亦有時明言之也、（翰7：2；10：22）故有人云此一節若係他節、約翰宜明言之、既未明言、知非他節、乃逾越節也。觀上二說、其義乃復相消耳。故據約翰所言、不足以證五：一所言者、究屬何節也。今攷約翰二：十三至六：四所叙諸事、謂其皆在一年之內、諒必不能。蓋主除居迦百農外、又布道近處數次、復居猶太施洗、又在加利利之各城鄉、宣福音三大週（太4：23－25；9：35；路8：1）。又布道於腓力作王之地、又久宣福音於比里亞、後與門徒仍居以法蓮。此如許事功、恐非一年所能畢、故人多謂約翰五：一所記、爲逾越節、而主在世布道、蓋三年有餘耳。

五十九節 畢士大池醫病（翰5全）。〇此池爲今時耶路撒冷之何池、已難斷定。意即今所謂童女馬利亞池也。此池蓋屬瀕汚泉類、水日湧出三次、或四次不等。觀約翰五：七、知邑民以爲此池之水、一遇湧出、病人之先入池者、則得愈云。三節之末與第四節西乃羅馬巴利三古卷皆無故不論之　此說之眞僞、新約未辯。蓋錄此事者、非爲講論此泉之來由、乃論主第二次何以於其京都而見棄也。此時主已離耶路撒冷約將一年、離猶太省少亦有四月。此數月內、官員與祭司、當皆聞其名聲、宜相接矣。乃殊少應者、於是於病者之中、擇取一人焉、而醫之、以致官員之動問焉。是則主選此人、非第醫其病而已、城內尙多病人未邀此恩也　尤可藉之顯己之　神能焉。夫抱病三十八年、人盡知之、雖在讐敵、亦決不言主佯爲治病、且決不疑蒙恩者、設謀而假於病、以求主之得此名矣。從知此一奇事、明證主有　神之能也。平時人求醫於主、必先顯有信心。主始醫之。何此廢人初未向主求愈其病、並未發有信心乎哉。蓋（13）未知醫之者誰耳。主不惟擇其人也、且擇其日焉、因而猶太人指摘其犯安息日之非。主遂藉十七節所言之理、以明己之爲誰焉。觀彼等臨詰之詞、從識猶太人誠如保羅所謂被律束縛者也。蓋見此大奇事、不問曰、醫爾者誰、乃問曰、"命爾取褥而行者誰也。"惟知取褥而行、斯謂有犯安息日之罪矣。可見彼等之謹遵條例、視守十誡第二命爲尤要焉。其守條例如此、殆蒙帕於目、如欲見　神之榮得乎。及本人者告以誰人、彼不如加利利人見奇事而知榮神（可2：12）、反窘迫以難主。主答之曰、"我父至今行事、我亦行之。"蓋　神於安息日、雖停其造物之功、未停其護理之功也。如若所云、世界並一安息日亦不能存矣　神既如此、我爲之子、亦必如此。猶太人久思、有以害主、及聞是言、（觀十八節並欲二字可知）其惡意彌堅。主當時、雖能臨池待質、然寗避之者（１３）、蓋寗在殿中受審、而於父家、得顯己爲子之機也。觀十九節（英文新譯本）則應之一句、知猶太人已有駁之（１７）之言、特約翰未錄之耳。此駁者。（見44節較翰12:42—43）係屬民間之有位者。耶穌則應之、言所居之地位、所行之事、皆惟　神所居所行者（１９—２９）、繼之以約翰　神及摩西（３２—４７）爲証。按律（申19:15）、則當信之。究不相信、故主遂明言、其所以不信之故（４４）、蓋因主有謙德、而彼等競尙榮名。繼復責其榮摩西、篤信律例、皆係僞託爲善。因不信律例爲主證焉。此主第二次復見棄於官員也。

六十節

門徒於安息日摘取麥穗（太12:1—8。可2:23—28。路6:1—5。）○按門徒摘麥穗而食、可知其時已近逾越節。適遇途中飢乏、又必遠路、蓋當從耶路撒冷而歸於加利利時也。法利賽人以耶穌既有明犯安息日之罪、卽求得指斥其非之機、於是窺伺所行、若得其機、乃以惑衆之罪告之。論門徒之摘麥穗而食、律例初不之罪（申23:25）、然據衆啦吡言、門徒犯安息日之罪有二條焉。一採摘麥穗、則是納禾稼之工也。二手搓而揉之、是作磨麥粉之工也。耶穌應之曰、(一)條例固當遵守、然亦不可泥執條例、以害人也。蓋主心悅矜恤、不重祭祀。昔大衛與其從者、遇飢而食陳設之餅、卽此義也。意謂守禮雖屬常經、療飢亦以恤衆、此則門徒可以無過矣。(二)夫　神之所欲、如獻祭一事．祭司犯安息日、而常行之、且猶無罪、況　神所大欲者、人犯安息日而爲之、　神能以爲有罪乎哉。耶穌此言、乃從舊約所載、聖殿之舊例、而指其誤、使人知法利賽人、所尙之學說、殆猶愚人(太７)。(三)　神之賜人以安息日、而禁其作工者(可２７)、欲以救人、亦爲恤人、若人耐飢爲之、顯與　神之原意相反。耶穌繼言曰、"人子亦爲安息日之主．"細思此一亦字、其用意、原自有所注射、蓋大衞以有聖靈之引導、故違例而行、得告無過．祭司在聖殿、安息日作工、不爲有過、因所爲本　神所命、而　神者、安息日之主也．然則門徒既在我前如此而行、亦無罪矣．因彼蒙　神之允準、而我亦安息日之主也。法利賽人聞之、又如主之自視與　神平等矣。

六十一節

主於安息日醫手患偏枯者、太１２：９—１４。可３：１—６。路６：６—１１。○法利賽人見上二事、已知耶穌不依故規、守安息日、思於此尋隙而控之。幸一安息日、有手患偏枯者在前(太１０)、彼等情急、懼主不與控告之機、故不待主言、先問主曰、安息日施醫宜否．原文作與律合否　耶穌乃藉準救畜之例、由小至大、詳言答之、使知安息日之醫病、不第可爲而已、尤應爲者。陷坎之羊、不救之固必死、人手偏枯、雖不醫之、亦不致死、然羊非人、救之祇一善事而已。作如彼之善事、不爲犯安息日、則作如此之善事、益爲無罪矣、蓋人較羊尤貴也。由馬太十二：十一、知所救之羊、乃己之羊．恤而救之、恤羊卽以恤己、既宜恤己、不宜恤人乎。觀馬可三：四、知主在此更責之因彼於安息日謀害生命、卽主之命也。主如是將己坦白之心、與彼黑暗之心、並列於衆前、彼等遂默爾而出、圖謀以害之（可6）、蓋主如此、暴其僞託於善之惡、過在不恕也。法利賽人雖思害主、然不復與辯論安息日者、因與之駁不見益也。觀於此事、識惡人者　神一則怒之、一則憂之至於信主者、一信則有能也。

六十二節

耶穌二次出外布道 太12：15－21。可3：7－12　○法利賽人在加利利思以害主、主則避之、非懼之也。乃思乘有恩之日、旁尋可蒙恩之人耳。卽彼之自識有罪、或信心可望復萌者、若明與其舊日之教習爲敵、恐其益難相信、故在彼時、每醫病之際（太16）、禁其傳揚。此應以賽亞四十二：二之言，"彼不競不諠"。按馬可三：七、主先退至湖濱、因來人甚衆（見串珠）、卽謂使徒備小艇、以防擁擠。馬太四：二十三至二十五所言、意其亦係此時、與馬太五章一節緊連　此時主名大著、不惟有來於猶太與耶路撒冷者、卽自外邦如以東推羅西頓、亦有來蒙醫者。

六十三節

選立十二使徒 太10：2－4。可3：13－19。路6：12－19。　○以色列人之官吏、雖則棄主、然衆人尙接納之。主因有要事（可14）、先祈禱一宿、後於衆門徒中、選得十二人、稱之曰使徒。馬可三章十四節按最古之二卷於十二人一句之後並有"稱之使徒"一句三福音書、其排列使徒之名、次序雖各不同、然在三書中、西門常列第一、腓力常列第五、雅勒腓子雅各列第九、似此使徒則分三班、在一班中、惟彼得、雅各、約翰三人、於主最近而常隨之（可5：37　9：2）、此後、有時安得列亦隨之（可13：3）。若取馬太路加兩書所列名單相較、則兩兩相當、各成六隊、其首四隊、二福音並同。

登山講道（太5至7章全　路6：20－49）有謂兩福音所記、原係二事、蓋(一)則地似不同、馬太五：一言主登山、路加六：十七則云下山、在平地講道、按傳記云、山在加利利湖之西北、地名哈頓角、以兩頭皆高、中間有大平原故也、若所登之山、果係此山、則馬太路加兩書所記、蓋亦相符。(二)時若不同、馬太記云、講畢卽潔癩者、路加記云、下山後、卽醫百夫長之僕、兩兩相較、顯有不同、然馬太記事、非專爲作主年表、錄其歷年之言行、乃摭拾相同之訓、連類記之、（路加有時亦然）故不可按馬太所記、而定其事之次序也。(三)聽者又若不同、據馬太所言、人來何地、與路加亦不盡同、而馬可所記、則括餘二福音所言之地、則更爲其一事之據、卽無馬可、二福音之不同、亦不足證其原非一事、蓋今之作史記者、往往同錄一事、其中稱名常不盡同、特惟有多寡之別耳。(四)所言亦不盡同、馬太分節一百零七、路加止三十節、馬太書記有八福、亦未言禍、路加僅登四福、兼及四禍、卽所垂之訓、亦有不同馬太者、雖則如是、在吾人不必謂著書

六十四節

六十五節

者、各欲備錄主之言、第於其意所以爲要者、卽錄之耳。此與啟示之道、原自無妨、蓋被啟示者、非合主之一切言語、而悉錄之、惟求所記、無誤而已。要之、上四段之理、皆不足證其講論、確屬兩次、諒主不能如此重講、故知二書之所錄者、仍爲一事也

> 有言主已與使徒、講及此理、而路加記之、以後重對衆人講之、而馬太記之者、此必不然、按其不同之故、意馬太爲猶太人所記、故多提律例之事、路加者爲外族人所記、故提及律例者少、而多提他訓也

登山寶訓之要義　馬太記

○昔摩西召集十二支派、引至火烈山、示以律例、以色列國、遂由此立定、而耶穌亦召至十二使徒、訓以天國之律、爲欲立天國於世。分段言之、第一段、5:1—20先言　神國之正面(1—16)、繼言此國之立(17—19)、並非欲滅舊律之實義。惟(20)天國之義、與衆啦吡之所教者、迥不相同。第二段、5:21—48言天國之反面、乃引得理論五條、以證明在己之義、超出彼等之上。第三段、6章全　乃言吾人存心、當如何保全此義。先言所應爲者、卽周濟(1—4)、祈禱(5—15)、禁食(16—18)、皆先言其反面、後乃言其正面。其中要訓、乃令人知在事　神人之所爲、與其所存之心、原自並重。後(19—33)言屬天國之人、所不宜爲者、卽圖謀世上之財寶、與緣世而起之思慮。第四段、7章全　先(1—12)言人應如何待人、乃以　神之待吾者、爲表式焉。繼言(13—20)如何分別善惡、此爲要訓、因(21—23)多人易自欺、自主之末言(24—27)、可知人之義、在能

六十六節

行道、因人由義行、始爲義人（翰一3:7）且惟行義、始立定而不致顚覆也。

歸迦百農醫百夫長之僕太8:5－13可3:19－21。路7:1－10。〇觀路加七：一、知耶穌所登之山、去迦百農不遠、因選立使徒後、馬可言歸家。間有譯作室字者　遂言衆人復集、致弗能食、可見迦百農之平民、及其長老、猶服主也（路3）。惟主友或親屬原文意未詳　聞知、卽來禁之、非因其有類病狂、乃以主之情不自禁耳。雖則禁之、要無幾時、因時未久遂接百夫長之口信、請醫其僕也。據馬太云百夫長自來而路加則云使其差役二福音所訂不同因馬太特約畧言之以爲命僕作者猶己作也而路加蓋詳言之也　由此事可知、至少亦有一人、知主不必親至、始足顯其能力、亦知病在主手、有如僕人之聽命也。此等絕大之信心、爲主所創見者、主之奇之者、以屬在外族之百夫長、其信心乃大於以色列人耳。下文百夫長之疑主、非疑主之能、乃疑主果至外族室否也。主藉示衆人、使知所稱天國、原不限於猶太一國。觀彼之不敢自來、又不敢請主至其家也（路6－7）、可知亦非義奉教者。若是、則無不堪、且衆長老（路3）、不能如此言之。雖弗信奉眞　神、亦有修建會堂之善舉、平情論之、仍非所謂以色列人也太10－12）。按律法而論、則其室爲不潔、故自覺不堪、卽德行而論、則自反似有所缺、故亦覺不堪。然抑知自覺不配者、其心方配蒙恩。而本國之自以爲配者、其人反爲不配矣。

"於天國坐席、"此句（太17）、本於猶太人、安息日坐席之常規。彼以爲、來世彌賽亞救贖其民之時、

六十七節

即世界之大安息日、本國人等、皆將如此、與亞伯拉罕以撒雅各同坐席天國中、引詩二十三篇五節、爲異邦人、觀而起怒之據。主之言此、不惟使百夫長心喜、且令當前諸長老、知古時舊籍、並非聖經之眞解、猶太人若不悔改、至來世時、將與異邦人易、古籍所定之位、蓋人之得救與否、初不在是否生於教會、而在能否信行眞道也。○此百夫長、與約翰四：四十六所言之大臣、皆居希律安提帕王境內、希律知(路9：9、23：8)主有此　神能、或即聞諸二人也歟。

主在拏因所行之　神蹟路7：11—17。○拏因在迦百農西南、約七十五里、在拏撒勒東南、約十五里。今其存者、破屋數椽而已。主來此時、或即醫僕後之二日、或其後數日、古卷記載不同、然觀多人相從、意其歷時、蓋未久也。衆人見主行一奇事、心猶未足、故仍從之、以冀多見焉。此一奇事、爲主顯大能一大進步、使盡人知、卽入來世之靈、亦其權所轄、主不惟知生、兼能知死矣。此又其作彌賽亞之一據(約5：28)蓋此人雖未入墓、與已入者同也。路加所記之次序、亦適合加利利送喪之常制、知其所錄、並非遠代之傳言、乃實有之情事也。按所錄云、主見衆人出城、繼與寡婦語、又後始按其喪輿云云、蓋加利利殯葬之舊制、乃女子行於棺前、以表世人之有死、端由女子犯罪所致、此外復有多人送殯、蓋猶太人謂不送殯、猶輕視　神之刑罰、以箴言十七：五末句、專指此輩言也。若不親送、則必起立示敬、候舁者過、以盡

六十八節

其禮焉、其地之用棺、非以斂尸、而納之壙中、第取便於舁至墓所而已。（靈柩見創世記五十：二十六、舊約所見僅此）其編製之法、多用細條爲之、上無覆蓋、故主一呼、死者遂生而起立。（觀拉撒路復甦、亦知彼處葬者原無棺蓋）主雖顯此大能、然人仍不以之爲　神、止讚　神賜之大先知（16）、亦不以此爲彌賽亞之確據焉。然人雖不以爲神、自以利沙後、以色列無此奇事、一時風聲遠播、如燃巨炮於加利利聖地、三段、皆爲震動矣。

主與法利賽人西門共席路7：36—50。○主在拏因所行之　神蹟、傳至猶太、約翰之徒聞之、報知其師、約翰遂召門徒二人、遣之見主（19）。二人前來相尋、在途中須費數日、拏因既係小區、主必不久留於此、料卽前行布道、故所言之筵席、未必定在拏因也、果爾、西門待主、必不冷淡至是（44—46）。若主未久、卽離拏因前行、附近之處、有未聞者、而西門之待主、則少令人奇異矣。（主赴此席、意在約翰之徒未來之先）所言之女子、經言蓋係罪人、故有謂彼係末大拉之馬利亞者（路8：2）。然新約中、未言馬利亞係一罪人、祇言有七鬼爲祟、其名（路8：3　24：10）兩次列於約亞拏之前、約亞拏者、希律王家宰之妻也。又馬太亦屢在女徒中、先提其名、且彼常隨主、每以己財供奉之。是知馬利亞者、身家清白、而家道殷實、並非妓女淫賤之流也。有人謂路加所記、與約翰十二：三、同爲一事、而所言之女子、卽拉撒路之妹馬利亞者。此說非是、蓋席主雖則同名、然西門此名、爲猶太人所恆稱者、故名之相同、不足爲一事之證也。況彼所稱者、患癩之西門也。在彼又明言其爲拉撒路妹馬利亞也、在此未提何名。又彼事在主殯前、不過六日、此在主殯前、一年有餘．又彼在猶太而此在加利利。要之此女爲誰、吾人不知、因福音未言其名．隱其名者、令人知罪人悔改之後、勿暴揚其惡名也。西門之請主赴席、非爲服其教訓、乃因衆之所尊、而已不敬之殊覺有乖體統耳。幸坐席時、有此女因蒙主訓、已得平安、遂至主後．（按猶太人坐席常規皆任外人前來觀覽。）其素之所爲、依常人之見、原不爲美．已更深恥前此之汚行、然所愛者、既在其前、故勇於敢爲。其所攜香膏是否卽此時所購、未能確知、蓋猶太女子、平時常有小瓶、內盛香膏、繫之頸上、垂至胸前。此女立於主後、（按猶太人赴席之禮常以身側臥席上首內而足外）心誠愧悔、荷蒙殊恩、中情一發而莫遏、竟至涕泣．偶見主足、爲淚所濕、遂以己髮拭乾．耶穌亦未責之、其膽量與愛心、遂又發達、立而親其足、見所懸之膏瓶、懸垂身前、遂將平時所用抹首香膏拭主之足焉．可見主言"彼愛之多"、非無自矣。耶穌與彼、雖未通一言、然心已許之、而西門之心、喜怒交加矣．所喜者、主之不似先知、自爲有據．所怒者、以如是之女子、而親其客、據西門之私見以爲耶穌果係先知、必知此女之爲誰、不令得至己前矣。耶穌欲西門知其誤、而有以自救、不至自欺也、謂西門曰、予與爾言、此顯主之智慧性成、溫柔素具、不欲明責席主、乃使之自反、而知其非焉．如此彼如發怒、祇可怒己之無知耳。主未明言、吾知此女之罪云云（41—42）、以致難堪．然西門一聞主所設喻、已識其意。主之必設此喻者、蓋逆知西門之答辭、思藉其親供、令知此女之愛、尤大於己之愛也。平素客人之來、或與之接吻、或與之洗足、此皆非必需之事、縱不與之敷膏、亦不能責其接待之不恭。然行此三者、卽爲善於接待、尤大顯親愛恭敬之情焉。此數者、西門於此、未嘗爲之、識其心無敬愛之念。其待主也、特淡薄之禮文而已。若此女者、感情以待主、卽表其篤厚之愛心、又重之以敬恭之隆禮。於四十七節、知愛之多者、由其多罪之已赦。於五十節、知其非之所以得赦者、乃因其大有信心也。西門愛心之小、因罪之被宥者少。其所以不得多蒙赦宥者、可不言而喻矣。究之、罪不盡赦、仍積乃身、此無他、以其當信而不信也。彼聞耶穌之末一言、亦可知主尤大於先知、非然者、何以有赦罪之權哉。數節所明之大道、俱在末節、卽愛由信而生。人雖多罪、信心若足、令之悔改而愛主、其人可平安而歸。

六十九節

施洗約翰遣人詰主 太11:2—6。路7:18—23。◯約翰之門人、既將拏因之奇事、告於其師、似宜識主爲彌賽亞矣、乃彼聞此而疑也滋甚、意謂耶穌果卽彌賽亞、何予竟因吐實言之故、被縶於監、爲惡女所束縛耶。疑慮之間、又必疑己作之證、未知實否、予誠開路者乎、抑迷惑衆民者乎。約翰之如此被試、亦不足奇。蓋魔鬼膽敢試主、豈不敢試其僕約翰乎。約翰無以解此、於是決意詢主、果係彌賽亞否。或曰耶穌縱非基督、必不以僞自認、何必以此爲問乎。然此問亦非無益也、一以主之能爲據。約翰所差之門人、

七十節

由所見聞、卽知主果係彌賽亞否。觀路加二十一節。識主已知來人蓋爲此故、遂在其目前行如許 神蹟、令其將所睹者、囘報約翰。二述其寃屈、約翰原預云、彌賽亞來時（太3：11—12）、手執箕"云云、故此次所差門人問曰、"爾係彌賽亞乎"。其意猶語主曰、儻爾果係彌賽亞、宜應前言、實行其事。耶穌遂答以馬太十一：五六節之語、使約翰得知、不至因主之念異於己念而顚仆焉、斯爲有福者耳。

基督爲約翰作證（太11：7—19。路7：24—35。）主恐人於約翰生有疑心、以其究係風動之葦、故在約翰信心尙弱時、卽爲作證云、彼非僅爲先知而已、亦卽馬拉基所預言之以利亞、爲婦人所生之最大者。主作此證。庶民稅吏、因曾於約翰受洗、故聞而喜之、而文士及法利賽人、皆不悅也。考馬太十一：十六至十九所錄、似卽主所言之大意、如云向爾等宣福音者、無論如何宣講、爾等概不相信。彼禁食而來、如約翰其人者、爾則羣相謂曰、乃不食不飮之流也。其亦飮亦食而來者、爾則私相議曰、如若人者、貪食好酒、稅吏罪人之伍也。顯見爾等非屬智慧之子矣。觀第十四節、有拘挐約翰一事、彼已自定己罪、旣不以約翰爲開路之人、將亦不信主爲彌賽亞。主曉之曰爾念誤矣、約翰誠以利亞、然其作爾等之以利亞否、惟視爾等之感情耳。旣謂其爲鬼所祟（路3：3）、又拘之於監、如是則約翰不爲爾之以利亞矣。彼之棄約翰與棄主同、蓋不接主之所差、則是不接主而已矣。

七十一節

供主布道之婦女 路8：1—3。○路加將此次布道之梗概（一）、記於約翰之徒來後、然自彼地前來、見本卷四十四、六十九兩節 有所費之時日焉．知主此次布道在外、歷時正復不少．又觀本節所載、經行之城邑鄉村情事頗繁、歷時之多可知矣。此行有何奇事、福音未載、惟記十二使徒、常與主偕行．然衆使徒、卽不與主偕行、侍者亦不乏人．何者、觀二三節、又有如許女徒事之也。男子雖同蒙主恩、而新約所記、未見從主諸人中、有奉事之者．惟諸女徒、多注意於其需用。觀路加所言、其人之從主、固不如十二使徒常相偕而不相離、然在各處、皆爲之隨時備辦、使主不至缺乏．此其從主之情形也。諸女徒中、其一爲抹大拉之馬利亞、抹大拉者加利利湖西岸村也主在世時加利利湖濱所有如許城邑僅存此村 其二爲希律相臣之妻約亞拏．有人謂此女卽約翰四：四十六所云大臣之妻也．其所以從主、蓋其子前時、嘗蒙主醫治也．若非此人之妻、希律屬員、最少有三位從主。其三爲蘇撒拏．此三人所以稱名登記者、因均係富家、多所捐輸．餘人亦未嘗因貧退卻．蓋第三節言、尚有多數婦人供之．其名雖未見於聖經、然既以信愛之心而從主、必不徒勞而罔功、在天之名單、何能無其人哉。

七十二節

醫爲鬼祟瞽而瘖者 太12：22—23。路11：14。 ○此奇事之行於何處、新約不載．據馬太路加皆言、行此事後、方論議問其母與兄來見之、觀此當在迦百農．此人想非生而瞽者、蓋因鬼附所致、衆民已見

七十三節

許多奇事、又冀主逐此鬼、可知人崇於鬼至此、已無望矣。（觀人之病狀、可見鬼之害人、能使目不見主之榮光、口不得誦主之言語）衆見耶穌增此一段奇蹟、疑信參半、遽難定其果爲彌賽亞否、因曰此大衛之子乎、蓋設非大衛之子、焉有此等之　神能乎。乃觀耶穌之狀貌、聆耶穌之教訓、又大不與成見相符。故言不能確定、特微顯其心已有是意焉耳。（此一奇事宜在何時、註福音合參者意見各殊、或以爲有二三事、令人難以確知、據馬太九章三十二節、記有與此相類一事、法利賽人亦如是非之、有人謂此三事仍屬一事者、然馬太未必一事而兩記之、故此奇事至少亦有二次、又有以爲別分三事者、然率皆視之祇有二次、路加所記、或即馬太所錄之第一奇事、或即爲馬太所記之第二奇事、合參諸說紛紛不一、註合參者嘗於此費心致之、而意見不同、吾儕宜知新約所重不在次序及地理、乃重其要理而已）

法利賽人誘讟聖靈（太12:24—45。可3:22—30。路11:15—36。）耶穌出而佈道之末次（見上數節）、三福音書並未言有法利賽人踵隨其後、然其反對之心、觸處皆生。（見本卷六十節六十八節等處）主歸迦百農時、其行於拏因與他處所行之異蹟、業已傳及耶路撒冷、文士已親詣查明、依其成見、作彌賽亞者、必有二據、可藉以斷定其是否。一狀貌訓誨、必與己成見相符。二必行有奇事可憑。二據之中、尤重第一據、因是時亦多崇鬼者、且多行異能者也（使16:16）、故止有其二、非惟不足爲彌賽亞之據、且若可爲患鬼之據矣。若惟行奇事、而所垂之教訓、或不符己古昔之所聞、將益疑其爲鬼所崇矣。此耶穌之行事、雖已符其意之所想、而彼等（約7:20。8:48。10:20）猶謂其常患鬼也。且於耶穌所行、大於他人之奇事、則又解之曰。此巨鬼爲祟之據、乃恃鬼王別西卜之所爲也。由此可知法利賽教中人、以爲耶穌降世、乃鬼王之渠魁。所宣之天國、非光明之天國、乃幽暗之牢獄。法利賽人所以受惑如此之深、蓋因居心驕傲、以己之所爲、本爲正理、他人所說、皆屬謬言、居心如此、雖眞理日列當前、彼烏能領受哉。無惑乎己患鬼而不自知、反謂充於聖靈者、祟有巨鬼也。彼等卽意耶穌爲撒但所假、故主每顯新能、輒目爲撒但之變象、故至終阻之。任主作何奇蹟、概不信爲　神之大能、亦不能信也。彼意約翰（太11：18路7：33）及耶穌、蓋屬同類、特耶穌爲之首耳。其辯駁之論說、雖不能全行禁人信主、然亦多所妨礙。耶穌答辭、欲證其說、不合於理也。一（太25－26）予之所作、與鬼相反、鬼自無意傷己。二 使爾等之言、果爲合理、他人可謂（27）爾爲鬼所助、蓋爾徒常自誇有逐鬼之能故也。三 夫我與鬼既不同約、尤（28．29）能致勝、此乃吾有　神能之據、蓋力尤大於彼者、惟　神惟然耳。四 我與鬼爲敵、爾等與吾反對、奮力以隳我功、適與聖靈爲敵。此罪與鬼同類、爲永不得宥者也（30．31）。言其危險之後、乃藉（路24－27）言法利賽人蒙此殊等之恩召、而猶不信、此後已無得救之望、蓋魔鬼之權、雖爲主暫時所制、日後必將復作、主所由與之言此要道也。衆人中有一婦人、心服所論、稱其母爲有福者。耶穌繼之言法利賽人之反面、“有福者、乃聽　神之言而行之也”。言畢、耶穌（太33－34）遂責其僞託於善之罪、蓋彼所言之理、似是而非。若此輩者、皆　神所詰也。法利賽人於此、仍謂其患鬼。既不能辯主所言之理、乃求主更與異兆焉（太38）。耶穌以己之所作、取證已足、遂不復以神蹟相示。大抵彼所求者、謂當從天而下、因睹主之所作、皆屬於地也。主雖不卽示之、然意中應一異兆。其大意蓋謂觀於約拏、如何出於深海、而宣道於異邦、卽識基督、將如何出自墓中、布道於天下。（耶穌兩引此喻見馬太十六章四節）至馬太三十九節、謂當時爲姦惡世代、此言乃引舊約、（見以西結二十三章）常設之喻、蓋以心遠天父、信從僞　神者、爲靈魂之淫亂也。所蒙光照、既多於人、使仍不信、審判時（41.42）、他人將同立以定其罪。據路加所言（33－36）、　神爲其民、業已燃燈、未嘗隱藏、惟此燈是否有益、則一視人之目力（卽其心言）如何耳。

七十四節

耶穌之母與兄弟來見（太12：46－50。可3：31－35。路8：19－21。）○觀馬太四十六節、知主母及兄弟來時、適當責讓法利賽人之後。其來之故、或恐主勞心太過、抑懼法利賽人或思害之（太12：14）、均未可知。然知其家屬、甚爲關心。觀其不待晚間、乃正於講論之際、逕行入見、可知其來此也、雖出於恭敬之善心。然主欲其悉爲父作功時、人不可間之。此非菲薄其母、乃欽崇其父也。主之有母、倂非將以榮耀馬利亞、乃賚此與世人成一家耳。故遂手指其徒曰、"視哉、我母及我兄弟"云云也。

七十五節

湖濱之喻（太13：1－53。可4：1－34。路8：4－18。）○據馬太所記、是日耶穌遂至湖濱、故知此日、即醫瞽而瘖者之日也。前此耶穌講道、已用喻與否、不得而知、知此所錄（太10）、乃主初次對衆設喻也。門徒奇其忽改常法。主之改用此法者、或曰、因衆人之於道、有若孩提、故必須指事類情、聽之者始能領會。然執是說也、主先此即宜用之、何遲至年餘、始對有衆設此喻乎。觀主所自言（太11－13）、其用喻也、蓋亦有因、以聽講者、率分二類。即已識有眞理而能聽者、與未識眞理而不能聽者。主藉喻以宣道、持護第一類之善策、亦懲第二類之良謀。即不欲聽者而論、主之明宣天國約已年餘矣。再與明言指示、是適與其辯駁之機、使得資以與主辯難。惟用喻宣道、則彼無可持之柄、自無此弊。即欲聽者即主所言、有“耳可聽者”而論、用喻有二益。一可激發其精神、使之追求寶訓。二可觸其思想、以便其日後之領悟。蓋喻易於記憶、雖當時容於內心、未能了悟、似偶得他國之銀幣、不適於當時之用。一旦豁然心通、則能見諸實用矣。如此、凡已有者、主更與之、使其有餘。其不學者、聞喻不明、漠不關心、因不致志、遂忘前所得、則是”無者、並其所有、亦將奪之“。然主之如此待彼、仍顯有恩惠焉。因明言而激其怒、將益難得救。若祇用喻言、則其存於心者、覺悟之餘、自有獲益之時矣。使徒聞此、即求主解之、主爲解撒種之喻（可13）、又從而責之、以其宜明此也。馬太在此所錄、一切喻言、雖不敢必爲同日之語、惟觀其一至三節、意皆是日所垂之訓耳。茲攷其序如下、耶穌先登舟（可1）、而設撒種之喻。語畢、或時已午（可10）、耶穌

七十六節

獨居、使徒乘機、問有何意。有人視馬太十節以爲時未至午主尙在舟而門徒來至主與偕了海中解畢而返主爲門徒解畢之後、復設稗
子、芥菜麪酵三喩、以誨衆人。論畢（太36）、遣散衆人、與使徒同入於室、既爲解稗子之喩、接設三喩。
（太44—50）復爲解明最後一喩。又謂之曰、此後可如家主、自其庫中隨意出其新舊之物。舊者
蓋指舊約已有之道義、新者蓋指已始陳之訓誨。新舊併列者、爲使人知耶穌之話、亦爲　神言。晚間、遂
渡湖以達彼岸、蓋爲衆人之擁擠也。事見馬太八：十八與十三：五十三。
從主之要太8：18—22路9：57—62〇自馬太八：十九至二十二所言、意欲從主之人、合參諸
說、率列於主末次適耶故撒冷（路51）、路加雖錄於撒馬利亞鄉人、不欲接主之後、亦未言事出何
時、而馬太（8：18較23）、特錄於耶穌登舟之時。設事非同時、當先言主渡湖。事畢、再言他事。路
加五十九至六十節、又記一思欲從主之人、亦未叙何時、特連類記之而已。一意當時欲從主者不止二人而彼等對主之
言既同主之答詞諒亦同耳故馬太路加所言雖同亦或兩時之事也資之、知主論此輩、有何訓誨焉。一可表心欲從主之人、如何畏
作門徒之難、因而灰心、味主此言、可知引人入教、宜使先知其難、寧使退避於未奉教之先、不令中輟於
已信之後、而有辱主之聖名也。二可表非人自立志從主、乃主招之也（路59）、主之相招、乃欲誨人、
以路加第六十節之要道也。父母之喪、凡有教化之國、並無異辭、乃最要之義務也。然事亦有時要於此

者、譬身在戰場、則義在盡忠於國、他事不得間之。耶穌藉此、令人知天國之事、在世事之上。若天父與家父同時俱召、則人宜從天父之命。此類雖非事之所常、要亦事之所有、故人於此、(一)勿俟父母辭世、始立志從主。(二)主使我宣道遠方、若父母有人可依、即當聽命、勿得便始往。主復責之、蓋謂其人之心、立志不堅、如是從主、是手犂而後顧也、其耕必可笑矣。人無固志者而作主徒、猶此人之耕也。觀上可見人之從主、必需之要事有二、(一)其甘冒險難之心、宜如亞伯拉罕、主雖使之於野、亦必惟命是聽、不難於離家而難於離主。二　其心必歸於主、以服事天父爲當盡之義務。

七十七節

耶穌指斥風浪（太8：23—27　可4　35—41　路8　22—25）耶穌此時、雖有倦意、然其離衆人、要不爲此、乃因是日之聽道已足。知其非因倦乏者以他時雖身倦甚未嘗因之稍間故也按馬太記云、離之、遂與門徒同入室中、爲解田稗之喻、繼設三喻。（太13：44—52）既暮、遂登舟欲至彼岸、行雖甚疾、未防他人、〃亦有他舟與之偕（可36）。於主之渡湖、見主之性兼　神人焉。其爲人者、倦而思眠。其爲　神者、因風浪亦聽其命、如僕之聽命於主也。馬太、馬可路加所記使徒之言、非盡同者、蓋巨浪起時、皆彼此喊救、有妨聽聞、又有一人或即彼得（可38）、以言責主。詳思使徒之言、仍不知主爲　神、特以其自有相救之術、然不意其有此大權也。（太27。可41。路25）。使徒前此、畏懼風浪之心、今變爲懼主之心、蓋明見其爲風浪之主也。昔者所奇主者、特其事業耳、因曰"此何也、乃新教也"（可1：27）、今之奇主、非奇其事、奇其人也、"彼何人斯、風與海亦順之"（太27）。總之、人之推論耶穌、厥有二道焉。一憑主所行、而推其爲誰。(二)自主之爲誰、而推其所能行者。門徒至此、宜照第二步設想、主之責之、以其尙在第一步也。非言其未有信心、乃言其信心之甚小耳。抑思主能使死者復活、是則無所不能而已矣。

七十八節

在加大拉醫患鬼者（太8：28—34。可5：1—20。路8：26—39。）○福音合參、每列此事於主渡湖之次日、湖東西頗窄、不須一夜、可達彼岸、至馬可所言日既暮（4：35）、須知猶太舊俗、畧同歐人、約自午後四點、至日落、謂之薄暮、再自日落至九點、亦謂之薄暮、惟猶太人則稱首暮後暮以別之。主若於首暮時、放舟而遇順風、至彼地僅歷一句鐘時、蓋加利利湖最闊處、不足二十一里、主渡湖處、里特半之。據此相推、主逐鬼時、仍在是日、因馬可言主始離舟、而患鬼者遂至也、此處之格拉森、或作革革沙地名也。加大拉者、城名也。爲鬼所祟者、馬太記有二人、馬可路加祇列其一。所以僅錄其一者、因此一人係本地人、居此多年、衆所共知、故錄之也。其必居於墓中者、意鬼藉人之成見、以求便己。如華人謂鬼乃死者之魂、故鬼之附人、皆詭云某人之魂。而依猶太人思之、鬼恆在荒僻無人之處、且云喜居墟間、故人患鬼、每存此成見、因擇墓所而居之。此鬼藉本人之習氣、與其性情而用之、與藉其軀體居之、其理適同。此日百姓始稱主爲大衞之子、此卽彌賽亞之別名也。魔鬼妬人之從主也、思有以解散之、故先藉法利賽人與之辯難。後試以驚風巨浪、勢將沉沒於湖（可4：37）、後復顯害以兇猛之鬼。但主權無限、逐一淸晰、而駁者無由置辯（太12：25—27）。斥以一言（路2：4）、而湖中風浪息平。再（可8）發一言、而魔鬼向之乞恩。觀其所求（太29）、知魔鬼受審時猶未至、其日後之爲患、將尤烈於今矣。而主不使之立出者、或因鬼每於將離人身、則欲傷損人命也（可9：26）。耶穌問其何名、鬼又藉凡人所已見者、明其雖多而仍歸於一之義。此譯作軍字之原文、係臘丁文字、常用以指一營之兵而言。羅馬兵制、每營兵數、約有六千。其在戰場、有若一人、爲天下諸國所駭聞者。鬼之求主勿令出境、此亦猶太人論鬼之成見。按猶太人之說、鬼之居於世者、各有定所。其所亦復各有疆域、不得踰越。若必越之、惟歸地獄云。於主之允其所求、知　神有時、不從其僕人所祈（哥後12：8）、而不失爲恩。雖允鬼之所求（約1：12）、仍加之罰。於此亦然、允其入於豕羣、少頃已無居所矣。或曰、如此逐鬼、人宜救矣。於豕何尤、遭此慘害、不有乖公道乎。抑知人貴豕賤、借豕救人、鬼出於身、而人不苦、不亦可乎。又攷摩西定例、　神昔已禁以色列人養此。養豕之家、意或爲猶太人、是則雖施此罰、亦非苛待也。有人於此評云、三福音書所記、前後不符、使鬼而果懼地獄、何驅豕投湖、而立沒乎。應之曰、福音書內、未言鬼驅豕入湖、推豕所以淹沒之故、因覺鬼附其身、卽驚駭狂奔、而鬼不能禁之也。牧人睹此情事、甚驚異之、遂奔告四方。待衆人出、見其鄰心已清醒、身既著衣、此固美事。然無益於彼、蓋彼估世之艾豭、勝於天之寶珠也、故乞主速離其境耳。路加言”懼之甚“、蓋因逐一人之鬼、殲此二千之豕、儻主更居此數日、此等之糜費、何以堪乎。主允所求、仍恩待之、不許其人之相從、使在彼地而作證。彼立從主命、不惟在家、且宣主名於十城地焉、（低加波利譯卽十城地之意）前時衣不蔽體、甘作汚鬼之奴隸、今則逢人傳述、儼成一布道之先生矣。（按此馬太9:1宜作8:35而九章宜自今之二節起）

七十九節

活睚魯之女與醫患崩漏者 太9:18—26。可5:21—43。路8:40—56。

○耶穌既歸、以後所行之二神蹟、與未歸之前、既行之二奇事、其教人之用、各不相同。蓋前二事、乃顯其主理萬物、克勝邪惡之能。後二事、乃顯信心有感主之能也。主一至岸、衆卽迎之。其相迎之故、或因前遇風浪、幸水路之無恙。或由所傳聞、駭湖中之能事、惟然、故湖岸方登、旋困於衆人之擁擠也(可31)。睚魯女子、按猶太規、年已成人、而其父不早請主醫之者、或惕於法利賽人之謗言耳。及見其女已停床、始不避他人訕笑、敢於前來。此皆信心之不足也、故主於途中、故意遲延、與病女接談。睚魯心中、焦急奚似、觀馬可二十二三兩節、可知雖則焦急、適以自苦、無如病何也。正談之傾(可35)、忽有人至曰、”爾女已歿、何尚煩師乎。“觀下(太23)知其家之人、已有備殯葬之式。睚魯來時、馬太記云、睚魯曰、”我女已故“。而馬可路加俱記云、”將故”．其語意之各殊、因睚魯來時、女已停床．迨尋見主．亦不知存否、故其爲言、時則如此、時則如彼耳。主既先試睚魯之信、臨時（可３６）則施之以恩、如此而堅睚魯之信心”、因將殘之燈火、主不熄之也。”既至家、遂特簡彼得約翰雅各三人、入病者室中。（三人此主初次所特選者）其不欲偕他人者、一因三人之才、足任首領之寄、而主將備之、待後之任此職耳。二因三人信愛之心已足、可藉其將所見聞、使之推知此事之預表焉．三因此三人皆能緘口不言也（４３）。有人視”非歿乃睡”之言、卽云主此次所行之事、非起死回生之奇蹟、乃醫沈疴之事耳．未知主（翰１１：１１）之活拉撒路、亦作此言、彼時拉撒路死已四日。再思主此言（可３９）、特先以慰其父耳．又此時女子儻在未絕、主明言之可耳、何故爲是語也哉。主已入室、先使哭者出、遂用亞蘭言。呼令復生．（４０、４１）、馬可所以知此言、因其爲彼得代筆、而彼得是時蓋親聞之、故能詳也。女復生後（４３）、主卽命與之食、蓋使之復生在主、而養其身、在其父母、且恐彼之喜而忘此也、故以是命之。◯至醫愈崩漏一事、其間之要訓、乃在人於耶穌之施救、卽容有誤會、惟深信不疑、亦必得救。此女誤意耶穌之能、在肉體與裾絡中、思輕捫其裾絡、卽醫己疾焉．此其意念、雖或誤用、然心知賴主、故主遂應其祈耳。耶穌詢以”捫我者誰、“此非主故爲不知、乃與在埃田園中、神詢亞當云、”爾何在者“、其意正同、乃欲此女知醫病之能、不出於裾絡、而出於因信、如是不惟有益於本人、且免將得醫之道、或有誤傳耳。

八十節

醫二瞽者、與患瘖啞鬼者太9:27—34。○主自睚魯家歸時、有二瞽者、跟主過此、乞爲醫之。觀其稱耶穌之言、可知此二日內、宣揚耶穌爲大衛之子、此言已甚熟悉。耶穌特欲成其信心、若不理之者然、二人隨至室內焉（28）。由此而知主也者、猶活水之泉也、而信心者、猶注水之器也。其容水之多少、乃各視其器之大小焉耳。主之禁勿宣揚、一因其事以宣道爲要、不以醫病爲急。若所醫者多、必有誤宣道之巨功。二二人既稱爲大衛之子、則醫愈之後、必仍依此宣揚、將恐民衆奉之爲王、而叛安提帕也。如此有礙主功、故主禁之。二人竟違主命、徧揚其名、是其過也。蓋榮主雖爲善事、然不若從主命之爲美耳。○二人出時、遇偕有患鬼者至（32—33）。此類之鬼、甚難驅逐、故邑民復大奇之。法利賽人又謂主藉鬼王以逐鬼。馬太未言主復責之、或私議之言、非在主當前之言也。

八十一節

主赴外宣道之第四次太13:54。可6:1。○有人列主至格拉森爲適外布道之第四次、以此爲第五次。宜思主至彼地時、止有一夜、何足列爲一次哉。又據馬可記云、主使睚魯之女復生之後、即至故鄉拏撒勒地。馬太列此於七喻後、第未言設喻之後、立至故鄉、而觀馬可路加兩書、則有本卷七十九節至八十一節、諸等情事間之。是知主此次歸里之時、近於活睚魯女之後、而不在語七喻之日矣。

八十二節

主復被棄於拏撒勒（太13:54—58。可6:1—6。）〇前主已被棄於此、乃愛憐之、復歸宣道。彼次之見棄於本城者、乃因素無名稱之人、猝顯其智慧口給、又因主言神恩不惟賜於猶太人、亦賜之異邦人、更因將己與以利亞以利沙列爲平等、故不悅而棄之。此次歸鄉、雖名譽遠播、而彼惡未悛、故不惟奇其才智而已、且鄙之曰、若人之底細、吾儕盡知、某某、非卽其昆弟乎。我之某鄰、非卽其姊妹乎。彼何人斯、何由得此智慧異能乎。"其素知主者、抑豈不能取信、乃同居已三十年、雖明識其無罪而爲 神所悅、神且賴以大顯 神蹟、彼竟不信、實由妬心之太甚耳。主於此時、復援前次所引之諺（可4）、由其所綴歇後一語、知雖其家人、亦不信矣。鄉人之不相信、因此主少爲之作奇事、遂（6）舍之不復至焉。人可屢負主恩也耶。

八十三節

耶穌分遣十二使徒（太10全。可6:7—13。路9:1—6。）〇觀馬太馬可兩書所分之次序、主離拏撒勒後、遂卽周行衆鄉、以宣天國之福音。此後因憐衆無教之者（太9:36—38）、卽分遣使徒、出外布道。路加不記拏撒勒事、而適當睚魯之女復甦以後、惟錄此事。其在主去迦伯農後、不過數日可知。攷馬太十一:一、主於是時、亦躬自布道、而衆在外。歷時幾何、諒不過數月而已。蓋主令勿入撒馬利亞與鄰國境內。思加利利地、又甚褊小、若分道四出、未必竟歷數月之久、始遍全省。但觀主之原命（太10—

13)、併使徒之乏倦(可30—31)、知亦非數日、乃數星期之功。至其復聚之處、意在迦伯農、因禀主後、即登舟過湖也。又參觀馬太馬可路加三福音、似馬可路加與馬太十章五至十五節、皆錄主當時所言、而馬太十六至四十二節、乃載主後日之言也。(一)因其中之言(太17—19·21—23及28)、明係不指此時而言、且遣使徒時、未來之事、與近今之事、主必不使之相混也。(二)又觀馬太十六至四十二節所言、較前十節之言、更爲切要、若俱係一時之言、馬可路加何不擇其要者、而錄之乎。馬太錄之一處者、因皆係諄囑布道之言、雖此先彼後、並非一時之事、然比物連類、亦便觀摩之資、故列之一處。(事相似者則類記之此馬太記事之例也) 視馬太五至十五節、與馬可路加所載、則主遣使徒之原意、皎然易明。(一)令人知天國之福音、乃係何意、且使知此國已邇、又與使徒以奇能、使人知其非憑己意而宣道、乃係奉差遣而作工也。使徒之有此能、福音書曾未提及、於其既返、亦未論及此、或因其信心之不足也(太17:19—20)。(二)令使徒知、凡事不必自行備妥、始作主功、惟賴主盡其宣道之本分耳(路22:35)。主蓋欲其徒、知己在世、雖不與同居、仍如相處者然、愈於其升天後、始明此道也。○至馬太所記、主此後規戒使徒之言、可分四段。第一段(16—23)乃括自主升天、以至聖殿被毀之年、中間所有之情事(23)、大意言猶太人、(見17節會堂見18節異邦人) 將大興窘逐、爾等切宜謹慎(16—17)、欲防此窘逐、可逃避之(一

23）、惟被執時、勿慮己之如何措辭（19）、天父必助爾（20）。此大窘逐、亦不能久、忍耐至終者、必得救也。所言以色列之城邑、固指以色列人所居而言、然非第指聖地之諸城邑而已。又言爾行未遍、我卽至矣。此蓋指主藉羅馬兵來毀之也（路23：28—30）。主將遇難時、通國之官員（翰11：48）、恐羅馬人之致討也、決意害之、而主將以其所懼者、審訊而罰之。○第二段24—33所言更爲闊大、不惟示其門徒、於耶路撒冷未毀以前、應如何存心、卽遠至末日、仍爲門徒當由之正路。其前二節之大意、非謂吾儕之尊榮、不可優勝於主、此不待言而喻乃謂雖受羞辱苦難、究不及主之所受也。其二十六至三十一節之意、卽言人若行善、 神必顯爲彰之、以此知吾人宣道、宜放膽而爲之也。蓋非主意旨、吾人必不至遇害。卽主令吾受患、而懼人之心、仍不可過於懼 神之心。因 神之刑罰、尤爲可懼也。又（32—33）、認主與不認主、此事關係甚重。要之、此段之意、並非使人冒死爲之、乃使人益加謹愼。且預禁其恐懼推諉、或不行所當行耳。又謂人宜時常認 神以盡作證之本分、存心如是、爲人可無慮矣。○第三段34—39勸戒門徒、勿因道而起爭端、心萌疑念。蓋耶穌之道、無論傳至何方、初至時、輒令人起爭端、甚至一家之人、亦彼此爲敵、此乃必然之勢也。主恐門徒見此景況、遂謂此道不如不傳、故先明告之、此道雖號爲平安之福音、然初傳之時、與此名之意相反、故彼不必存此虛望也。門徒既領此訓、雖遇使徒行

八十四節

傳十七：六相似之言、卽不復奇異。味三十五至三十七節之言、卽知懼得罪於父母者、應如何立志，味三十八九二節之言、卽知遇爲道而受窘逐者、應如何安慰。於此末一節、耶穌所言之十字架、其將如何逝世、斯意已寓其中矣。◯第四段 40—42 語與門徒之言、雖係安慰之辭、然非惟慰其門徒也、且以訓後世之人、凡爲主受勞者、應如何待之耳。

施洗約翰遇難 太14：1—12。可6：14—29。路9：7—9。◯參觀馬太十四：十二十三、與馬可六：三十三十一、知約翰逝世、在主四次赴外布道時、而報信者來至、約當十二使徒返迦伯農也。夫約翰爲民所敬仰、故衆怒希律害之、或議之曰、希律後日所受之慘禍、實此事之果報也、既爲衆所尊、其遇難之信、未幾傳徧、使徒在外亦聞之焉。有人以爲因是速返、向主商酌、（加利利亦係希律轄地）其是否爲此、並未敢決、而使徒之返、意與主約有定期也。至約翰繫獄、乃在第二逾越節前四月之內、惡耗來時、約在第三逾越節（翰6：4）前數日、故知約翰在監計有年餘、希律初時雖欲害之、（太5）、因懼有衆、未敢加害、其後不惟不欲害之、反欲保護之、（可20）。約翰既已在獄、保護二字、必指希羅底之謀而言、蓋他人未有能害之者也。希律雖已悅之、然不欲釋之、其如此而行、一似深識往事之非、從茲認己之過矣。惜也沈湎於酒、因戕厥生、自覺惶愧交集。聞耶穌不惟已行奇事、且賜此異能於其使徒、希律心卽懼甚、且在廷諸臣、或云如此、或云如彼、又有聲稱約翰之名者、希律益懼、遂猶豫不定（路9）、然亦有時（太2。可16）、思約翰又回人世、意謂必自陰府而回者、始能有此異能也。希律存心如此、益憚於害主、法利賽人雖復出言（路13:31）、以懼主、要皆詭託之辭耳。約翰遇難之信、甫經傳至主、遂渡湖、一則體恤門徒、不惟長途困乏、兼心中傷感、且因多人從主、不得休息、以致不暇飲食（可6:31）。二則爲己圖安、約翰爲主所愛、而遇此難、卽主臨終之預表（太17:12）、故思得僻靜之所、平心言之於其父也。渡湖所至之處不在希律境內乃腓力所轄然主之設想非避希律因過一夜卽歸迦伯農耳

八十五節

五餅二魚分食之神蹟 太14:13—23。可6:30—46 路9:10—17。翰6 1—15。○耶穌泛湖之志、終未能遂、因衆民瞻舟所向、卽知何往、遂步行繞湖北岸、疾出其前、人之來集、所以如是之多、有解之者曰、因逢逾越節之期。故人多赴耶路撒冷爲過節耳．然細思之、既爲過節、必不攜孩提、且何能於第一日、途中遂至缺食乎．又其人當由加利利北、遶湖西而南、必不行湖東岸矣、又觀次日、衆人歸於迦伯農可知並非過節之人人多之故見約翰六章二節衆人此來、雖不適主意、然亦欵待而訓之。晚間主先詢腓力（翰5）、如何市餅以食衆、此欲試腓力之心、以主爲誰人也、前此以利沙（王下4:43）、雖已行有類此之奇事、彼時人數尙少然以腓力觀之、主於此時、諒亦束手、故主姑不言、俟使徒自酌。是時彼衆亦無從措辦（太

15)、咸請主曰、請遣散衆人、俾往村落市食。主乃言爾與之食。彼等衆口一辭、申言(可37)腓力之
說。主命查有何項食物。彼遂往、尋有童子(翰9)、攜有五餅二魚、由此知主國中雖童子亦有其分歸而稟覆於主、而
其心已若前時之摩西(民11：21－22)、及以利沙之僕人矣。此如詩78：9所言主先使衆按數列坐、於此
顯有愛心、蓋使不按數列坐、則懦弱與幼穉者、恐無所得矣。耶穌既主此席、故亦祝謝之。至主如何行此
神蹟、人不得知、因所行者、悉憑無中造有之能也。衆人食畢、零星賸餘、盛滿十有二筐、每徒各一。觀主所
言、　神之賜恩、用而愈多、不慮其或窮於用、懼其妄有所用也。玆事畢後、主知衆將強之爲王、乃遣之歸、
並促其門徒先行、自往禱焉。此乃主心最苦之時、因對衆講屬靈之糧、已歷半日之久、而衆仍不悟也。惟
與以食而飽之、立卽稱爲善人。此見主欲立天國於世、而已爲靈君。無如彼等所求、乃屬世之國、與凡王
耳。觀馬太馬可兩書、此處並著一促字、知雖其徒、亦不欲離之、蓋衆奉主爲王之念、皆十二門徒所深望
也。在此所言之筐字卽使徒每人所攜以備一二日之飯之囊也小魚者伊氏云或爲乾魚或爲魚醬爲佐食之有味者

八十六節 主行於湖(太14：24－33。可6：47－52。翰6：16－21。)○主促門徒登舟、將逝伯賽大(可45)、
迦伯農港口翰17阻於風、卻行而南、故時將近曉、已偏迦伯農之極南、尚未至岸。使徒在舟中皆懼、不知所爲。所
尤懼者、念主未與之偕行耳、而主已在目前。既覩其體、彼懼益甚者、蓋未料主如此而至也。後時教會中多有此

八十七節

類之事 既見主（可48）、意欲經過。在常人之見、每謂是時、不宜呼之、蓋思寂靜無聲、使鬼不理也。使徒乃大聲而疾呼之、蓋以此自陰府而至、不吉之兆也。迨其計無所出之時、主卽正言慰之、此事之爲訓、乃使人知恃主之人、方在憂患之中、主已臨邇、將欲救之矣（詩50：15）。又觀彼得於如果二字（太28）、雖爲有過、然其過之大者、則在命我二字、因欲誇示其膽量、爲他人所不及也（太26：33）。耶穌並不責之、寧使自經歷中、去其疑惑、而懲其自恃焉。主明知彼得將欲傾跌、而仍准試之、使後人知、人在憂患所以陷溺者、乃信心不足之故。故第顧目前之急難、而頓忘全能之主耳。又（太30、31）人之有此信心、雖不足爲眞道之英雄、若以此心而仰望主、主雖責之、終必施之以恩也。至此、異蹟仍未畢、蓋主一登舟、立卽至岸（太24較翰21）。雖未至所欲之地（可45翰17）。然亦至衆望之湖岸也。同舟之水手（太33）、雖不如彼得後日、洞明所言何意、然立來欽敬、稱爲　神子、外人如此稱主、此乃第一次也。使徒未忘諸懷、未久彼得（太16：16）、亦如是稱之。自行此奇事、人益知主之能、非人所能思及焉。其稱　神也宜哉（詩77：19。約9：8）。

耶穌在革尼撒勒地（太14：34－36。可6：53－56）。〇按此平原在迦伯農南、加利利湖之西、土脉膏腴、而人烟稠密。參觀此數節、較約翰六：六十至六十六節、可知此爲主名最著之時、亦主多顯權能之

八十八節

時、故城邑鄉村、無論何往、皆行擁擠、見者（太35）、立卽馳報四方、從知平民、皆戴荷其慈愛、而敬重其權能、又知主之寄此、蓋無幾時、遂乘機而求醫焉、主之過湖、思憩息耳、至次日復回、有謂主之意中、全無定見者、一再思之、是殆不然、蓋主本欲東行過湖、繼因從者甚衆、不得休息、故興盡而返、欲在推羅西頓之交、覓一休息之所耳。（觀下節雖言主在革尼撒勒地、未及終日、然可馬五十六節、似不止爲一日之久也）

法利賽人譏門徒不盥而食（太15：1－20。可7：1－23。）○觀約翰六：二十二三兩節、知主雖已遣散衆人、然尚有人知主未同門徒登舟、故仍至彼處、冀次日得一見之、迨次日又不得見、故亦登舟而尋至迦伯農焉、尋見之時、未錄其日、但按五十九節之稱會堂、諒爲安息日耳、又觀彼等所言、知在分餅之後、爲時未久、故知主居革尼撒勒地、未及終日、約至日西、卽歸迦伯農、守安息日、卽之推羅境內、其盥手之辯、或在會堂談論眞糧之先、或在其後、俱難核定、意飲食之辯、當在進城之先耳、假令門徒、業已進城卽必無違故規之故矣、自耶路撒冷前來偵探者、見街衆紛紜、且聞四方報信、（見上節）當無不出而偵探者、門徒既在舟中、勞頓終夜、次日又舍舟陸行、勢必苦飢、彼等見其未盥而食、遂藉端吹求、仍意主爲患鬼者、然不得以此而執之者、因主在世時、患鬼者甚多、故覘主或則干犯律例、或則擅違規條、思藉端而中傷之、謂此潔淨之禮、古傳相沿、理宜恪守、彼意有律法（利15：11又11：44）可證、盥手之規、尤爲緊要、甚至手拭聖經之後、倘不盥而食、卽爲不潔。有啦吡云、卽　神亦自守潔淨之禮、蓋嘗令亞倫爲行潔禮一次焉（利16：16）論說之謬、至於如此、主故重責之、膠守在己之古傳、而廢　神之誡條。又在此、以其各耳板之說、爲之證明、彼等之論說、必不成立、如下、衆啦吡有云、人有犯哈拉卡者、哈拉卡者係遺傳之律　其罪大於犯律法。雖然、哈拉卡者亦不可廢棄律法。耶穌本此理（太3—6）、證彼各耳板之論、委係廢棄　神律、故不可成立。按此說云、若某人向其父他人一理曰、”各耳板、我自爾所得之利益、“此後、卽永不可食其父之飲食、亦不可用其物焉。反言之曰、”各耳板、爾自我所得之利益∴、亦不可允其父用己之物、暨其飲食、蓋物之已成各耳板者、乃已獻與　神者也。此後雖不奉養其父、亦爲無違於律。何則、奉　神尤要於奉人故爾。明見此各耳板之論、乃廢　神命之第五條、而衆啦吡之言此、尤屬不可也。耶穌所陳之理、與偵者所指、不盥而食之非、甚爲關切、蓋據彼所言、若人指飲食言、各耳板、此後雖不奉其父、亦不爲違誡、然不盥手而自食之、乃爲有罪、有是理乎。故耶穌（太8—9）引以賽亞言、而斥責之。繼曰、爾之訓人、常推舉夫瑣細之事、至諸般汚穢之惡念、而反忘之。於此當知　神國所在、不在人身之外表、而在內心何如也。至於飲食（可18）、彼得暫時未會其意、以俟後日所得（使10：9—16．28）之訓、始豁然貫通焉。

八十九節

耶穌辯明生命之糧（翰6：22—71）。〇主爲人行有如許善事、聽者率皆誤會其意、以爲主之要事、乃專屬吾人之形體、故主遂明示（２７）、其益人之尤大者．言人不必但慮衣食、須勉作　神所悅之事（２９）、卽信　神所差來者是。言及此、衆志遂與主各別、彼雖欲奉之爲王、然不欲以之爲彌賽亞、且謂主未若摩西、蓋摩西嘗„自天降糧與我祖、而爾（３０）行何異蹟乎„。意謂主之所作、無非屬地之事．若欲取信於人、莫如依前此法利賽人所求、作一自天而來之異蹟、則善矣。主復曉之曰、卽彼時之糧、亦非出於摩西之賜也．蓋先祖所食之嗎哪、爲　神所賜。按照舊說、嗎哪係由摩西之功．耶穌此答、使知曩時嗎哪之施、非爲酬功、況眞糧乎。衆聞言有糧、誤意主將與之美食、勃然變色而請曰„主歟、請常以此餅賜我„。繼此（３５－４０）、耶穌復爲言明、眞糧非他、己作之工是也。猶太人聞此、知生命之糧、乃主之自稱也．遂如挈撒勒人之訕主者、曰（４２）„此人之底細、吾儕豈不知之乎、何乃云自天而降耶。„耶穌藉解其意（４７）、言食此糧卽信之之意．大衆（５２）遂起而爭論曰„此人之肉、能食我乎“。此處爭論二字、註解率謂非有兩歧、乃表衆因心急、彼此相詰之狀、況耳．惟觀六十六節、始知其中、實有此二等人。耶穌（５３－５８）卽用逆耳之言、使之永矢不忘、而其立言之肯要、乃藉四十七節之意云、人必用信心、與　神聯絡、始得永生．但衆人之心、仍思食餅之事者、概未徹悟食字之本意焉。觀五十九節、可知以上如許言論、皆會堂以內所言．以下數節、乃此語之總結。不惟平民所厭聞、門徒亦多退却、而弗從者。耶穌見門徒私相嘗議、卽問曰、斯言躓爾耶。觀下節知此斯字、乃指四十一節、暨食吾肉等言。耶穌遂又進一層曰、以後將見較此尤難者、卽人子升天是也。第六十三節爲後世最要之訓、其意與主所言之肉體、令人不可誤會其意、蓋云爾等得救、乃由靈氣、而此靈氣、寓諸我所語之道。於晚餐之餅酒、此言當防人誤意具有奇能。且示人知、徒食亦屬無益、必食而依主、始獲其益也。觀六十八九兩節、便知十一使徒、雖容有未明之處、然其信已有本、其所以從主、蓋非爲得食物、實因主有生命之糧故耳。然其中已有一人（6、4、7 1）、不服主所爲者、以主前數日、不乘機爲王、因此寒心復生、故耶穌明爲指出云。

第五段　自第三逾越節至搆廬節 計歷六月至秋分後一月爲止

九十節　主退至推羅西頓之原因太15：21—28。可7：24—30。〇此主赴外之第五次也。此次固不爲布道而出、蓋前遣十二使徒時（太10：5）、既諄復詳告、戒其門徒、勿布道於異邦、諒主必不自爲之矣。此次亦非爲醫病而出、因沿途僅醫一病。觀主在湖東、未得小憩。又觀此次教訓使徒之功。其所以隔離衆人之故、於此可見。詳味馬可二十四節之言、大抵非爲止宿、乃思作數日之居停耳。觀馬太二十二節、"有迦南婦出境"一句、知主所入之室、仍在加利利、非推羅西頓之境內也。夫既在以色列地、而猶畏人知、是必思得憩息矣。此婦已至主前、而主不答一言、觀擾亂二字、知婦人已到門、欲求見主、惟使徒不令至前、故欲入不得、竟自闖入。觀其稱主之言（太22）、可知非惟主有異能、名已廣傳、並其爲大衛子、亦聞鄰國矣。所言之迦南婦、據馬可云、係屬叙利亞非尼基族、故知其稱爲希利尼人者、乃仍其所從之俗也。於此稱之爲希利尼人與稱之爲異邦人意同觀門徒（太23）之語、彼欲主允婦所求者、似非矜恤之、乃免其擾己耳。觀主答門徒之言、已令彼婦失望、乃反近前致敬、伏主足前、又復祈求。主之覆之（太26）、使之益失所望、因言將子女之餅、擲以食犬、斷乎不可。茲所言非伺門之犬乃如今之獅毛狗也然細思之、主之言、猶閉門而留其隙。此婦遂乘機而入、乃言曰、善哉、我猶犬耳、然犬所應得者、亦宜與之。詞鋒最爲靈巧、蓋假主之言、而使之自縛、使主無術可脫、必允所求。主乃欲藉此理、誨其門徒、使人知任有何難、紛列目前、不可喪膽、祈禱永不可懈也。馬太馬可於此錄主末後之言不盡相同然若謂主先時所言馬太錄之繼此之言馬可錄之則二者未始不符也

九十一節

主回加利利湖東、醫患聾而吃者太15:29—31。可7:31—37。○主居非尼基界、爲日幾何、無從推知。惟知此後北行、由西頓於湖北過約但河、而入於十城地。此地居民、雖多敬邪神之外族、然見耶穌所行（太31）、卽榮耀以色列之神。醫聾而吃者之後、主戒之，"不可宣揚。"然彼傳播轉甚、而衆稱之曰，"斯所爲皆善。"似此傳揚、意主初至是地也、且有實效、是後來者甚衆、主乃登山而教之、約歷三日之久（29．32）。細審此一奇事、耶穌所以引至僻處、使離衆者、欲令其心益皈主、藉此以激發其信也。又假術法、先探指於耳者、以所患之病在此也。然後溼唾而捫舌、藉激其望主得醫之心焉。但主已令有信之後、不欲其誤思獲益之所自、故注目視天、始命之啓也。觀馬可所記、係亞蘭語、可知此乃主親口所言。惟馬可多錄主之亞蘭語者、蓋彼得之心、印記之易、宛如照像之乾片、每遇大異兆、不惟登記其奇事、且主之言語、狀況、皆映照心中。此後雖歷有年所、當時狀況、宛在目前也。

九十二節

主分餅食四千人太15:32—38。可8:1—9。○馬太二十九節所稱、主醫病之處、此非高山、特湖岸高處耳。此一異蹟、與前數星期所行畧同。所奇者、門徒速忘之耳。奧革司聽云、此非門徒忘之、前此之五

千人、猶太人也。此四千人、異邦人也。彼等蓋不料主之施恩於異邦人、一如猶太人也。觀使徒日後之存心（使10：45。11：18）、知此解亦通。

九十三節 法利賽人及撒都該人於馬加丹求異兆（太15：39—16：4。可8：10—13。）〇此處意仍在湖東、因馬可所稱之大馬努大、非猶太名、且於馬太最優之古卷、亦記爲馬加丹非馬大拉也。又兩福音、或云登舟、或云至彼岸、皆未言主渡湖（如太14：22。可6：53。翰6：1等處）無非登舟以入此境而已。又觀馬可言、法利賽人出、與主置辯、似非棲止於此。第聞耶穌在此、遂出而與之辯難者、蓋節期已過、彼等遂乘機至此而見之也。繪此地圖者每列此處於湖南岸距約但河口東不遠 前此福音未言撒都該人、與主爲敵者、蓋彼素日於道甚寬、主之所論、漠不關心、乃因百姓、似欲立耶穌爲王、恐失己之大權、遂心爲之動。此時仍假法利賽人、前在迦伯農試主之法、而求主自天顯奇蹟、以作爲彌賽亞之據。前因主未允所求、彼遂意主不能爲此、故於衆前又用此術、以作主非彌賽亞之據。耶穌憂其頑梗、而難化也、曰、”姦惡之世、而求異兆、除約拏異兆外、必無異兆與之。“言此亦未與著解、蓋前已解之於迦伯農也。

九十五節 主赴伯賽大語門徒嚴防僞酵（太16：5—12。可8：14—21。）〇耶穌已去馬加丹、馬太言渡至彼岸。馬可言（22）來至伯賽大、按此名名地者二、一在湖西北、爲迦伯農之港口。一在湖北、近耶穌前此分餅之地。（安氏言祇一伯賽大）此城腓力嘗重修之、稱爲伯賽大猶利亞。馬可二十七節、惟云耶穌離此、而適該撒利亞腓力比．然未言復渡湖、故知二十二節所言、蓋湖北之伯賽大也。主之不入加利利、一因法利賽人之辯論、無益於平民．主之避之、欲平民少受其損也。二因似此之辯駁、非講道之善術、門徒學之無益、其後日赴他處而布道者、蓋防此耳．此行亦與主前言相符（太10：23）。至主渡湖時、馬太云、戒門徒謹防法利賽人、與撒都該人之酵、而馬可言防法利賽人與希律之酵。意希律袒護撒都該人、彼等遂迎合希律之意、屈己從之．故一言撒都該人、一言希律也。至若主禁勿效兩等人之妄爲、福音所載雖同、而解之者異耳。伊氏解之曰、門徒聞此、意謂主之責我者、蓋以吾人之不攜餅、乃思藉其行奇事而得食、此乃類同兩教門求奇事之心也．門徒如此誤會、不知主之意、乃指兩教之道而言也。（此解雖深諒非門徒之意）又解之曰、門徒聞此、誤意主之所謂、乃實指所食之糧而言、此解近是、（見馬太十六：八至十二馬可八：十七至二十一）故多從之者。取馬太馬可兩書、相較觀之、似主自渡湖、沿路皆思二教門之非、故甫經下岸、卽與門徒言、及恐己之教會、究如猶太教、失眞理之至意也。

九十五節 醫瞽者於伯賽大（可8：22—26）。〇此所醫之人、與馬可七：三十二、及約翰九：一所言、皆非親至求醫．其首二人、皆他人攜至、第三人、幸門徒詢主、而始蒙醫。耶穌固能醫無信者、但欲其靈魂獲益、必先激其信、然後醫之。如此、人得醫之後、始生愛主之心而榮　神耳。此人既爲瞽者、主先唾拭其目、使之生望。待其已信、始乃醫之。主之行此、卽如先知（賽38：21）、嘗命持無花果餅、貼希西家之瘡、此非無花果、能治其病、因是時醫家治病、往往有此、故以賽亞藉此以感王之信耳。又馬可六：十三及雅各五：十四、持油敷病者之首、亦非油能醫症、乃爲增病人與長老之信心、然後主假其信以治其病耳。今此卽如保羅之預言（哥前13：8）、主已徹此諸般異能、故吾人治病、不必復假此術也。瞽者先時、未嘗奮力、故未能痊愈。有言係由信不足、觀二十五節、此解意亦合耳。又觀二十六節、耶穌禁之入村、乃使瞽者與後人知主布道而兼治病、非治病而兼布道也。布道者於此、其亦致之意哉。

九十六節

彼得於該撒利亞腓力比認耶穌爲基督（太16：13—20。可8：27—30。路9：18—21。）○主離伯賽大所至之地、在加利利湖北鄙、約九十五里、爲腓力重修、以榮該撒者。主在伯賽大暨途中所歷之時、馬太馬可槪未言及、但馬可二十七節、既云往諸鄉、諒已多日、故門徒得多蒙教訓、如前次從主得多見神蹟。至此時、主遇難之日臨邇、故問其徒曰、"人謂我爲誰"。觀衆答辭、意雖各殊、要無言係彌賽亞者。繼進一層曰、"爾曹謂我爲誰。""自彼得之答言、知門徒已畧識其趣味矣、故主乃訓以深奧之理、依外人之見、止於謂係施洗之約翰、或以利亞、或先知之一而已、而彼得視之若爲　神焉、若爲人焉。彼得此言、較前已大有進步（翰6：69）。爾時止云，"爾爲　神之聖者"而已、尚未證之卽　神。今時所言、已足證其委係基督、　神人合一。似此大智、非常人之明、所能見及、必由　神授故主遂謂之曰、"爾是有福者、"因獨得　神之啓示也。見路加九：十八、從知主旣禱後、始問門徒、旣問之後、又曰、"此係父之示爾者、"然則彼得此言之來由、蓋可知矣。彼旣識主、主亦識彼、言爾乃彼得。（譯卽磐石之謂）彼得之有此信、卽主所憑藉、立其教會者也。天主教稱彼得爲教皇、蓋以馬太此數節爲基址、然原文此處所稱之磐Petra雖與彼得Petros此名之意相若、究非一字、蓋按希文Petros者卽磐石也。Petra猶磐石之意、若主云我於Petros、卽謂欲藉彼得以立教會、則天主教之說、尚有所本、然主乃云、我將建我會於此Petra、非指彼得也明甚、乃指彼得之信心而言。十九節中之允許、將賜彼得之權、日後果驗於其身焉。此後誰先收猶太人而入教乎、固彼得也（使2：14—41）。又誰先收異邦人而入教乎、亦彼得也（使10：48）。又誰先罰背逆之教友乎、又彼得也（使5：1—11）。然則主賜之於彼得者、亦賜之衆、彼特衆人之代表耳。事畢、主命門徒勿以示人、蓋人於彌賽亞、必俟其功作成、始識所謂、不然與告公會（路22：67）均屬無益。○主之如此語彼得、以人始識爲基督也、然前此二年（翰1：41）、安得烈已如此稱之、而拏但業已稱之爲　神之子（翰1：49）。論者、每謂兩處意義、無從符合、是宜思彼時之人、尚未得領主訓、第

九十七節

據猶太人成見、姑稱以此、謂耶穌無非某人之子、挺立爲彌賽亞而已。未思生由童女的係　神子、非被
啓示、人不知此。故安得烈挐但業及彼得三人雖同一稱主之語、而其意實不相同也。
主預言其死而復生太16：21—28。可8：31—9：1。路9：22—27。）前此耶穌、有時暗指己之
將死（翰2：19）、初未明言之。厥後見其門徒、已有此信、故更進一層而訓之、以　神救人之旨、必假彌
賽亞之死而成也。福音未言如何教之、諒藉先知與律法、依門徒所能明者而訓之耳。內亦未言及如何
被害、僅於馬太二十四節、微露其意焉。第此　神人受死之意、與彼等之前望迴殊、難於領受。故彼得代
衆宣言、向主勸阻之。此雖心乎愛主、主知係魔鬼所爲、假口於彼得以試己、與前在曠野者同、故叱撒但
速退、並責諭彼得、俾知於父之託、人不可間之。繼此復云、人之從我、非若世人之從君（可34—38）。欲
衆知作門徒者、必受苦如許。又慰之云、雖受此諸苦、不爲受虧、蓋所得之生命、視尤珍貴於一切也。又防
彼等、或不堪此苦、復言當己再臨、人各有所得之賞。又恐其憚賞賜皆遠在來世、而苦難俱近在目前、遂
續宣馬可九：一之言。有人意主此許卽驗於六日後變形時者、是說非也。一良以在山所顯之榮、尚非
其國降臨之榮也。二若其後六日之內、遂見天國之榮、何言"爾未死之前"、輒言過數日後、耶其或如
約翰十六：十六所言、再過片時者乎。三若謂此言應於變形之時、殆猶示其門徒曰、爾輩中數人必生

命尙能延一星期耳、此言有何意味乎。皆不若謂主所許、應在五旬節時、蓋彼時誠爲 神國降臨、榮莫大焉。耶穌言爾輩之中、有生至彼時者、不並舉衆人、而合言之、蓋時有猶大在內也。有人謂此言蓋指太闘毁城而言者、是未必然、蓋時審判臨於猶太國、可謂人子有大權之時、不謂係大有榮神國降臨之時也

九十八節

登山變像 太17:1—13。可9:2—13。路9:28—36。○主變像之山、今不能詳、蓋新約未錄其名、第言一高山而已。前人有謂卽大泊山者、惟此山之巔、邇時建有小城、亦非高山也。又三福音、未言主自此返加利利、故知所言之高山、係附近黑門山之一高峰耳。主之變像、其故非一。一使門徒預知將臨之國、其君之榮耀若何(彼後1:17)、非世上之國可比者。二藉此堅門徒之信、不然、恐後主被執時、彼將不能忍受。三使徒聞摩西以利亞二人之言、謂主將受死於耶路撒冷、此其尤要者。蓋前數日彼得等不欲信此、逮聞二人言後、遂深信不疑、然後主藉此教訓、俾門徒知其必須受死之故。○此一神蹟、路加云、在彼得認主後有八日、馬太馬可俱云後有六日。路加所言之八日、乃將主言此之日、與變像之日、併計於內耳。至變像之時、意當係晚間、一則主爲祈禱而登山、觀主素日如此切禱、大抵係夜間耳(太14:23。路6:12)。二則三使徒、此時皆甚勞乏(路32)、因此而驚寤。三則路加三十七節言主與門徒、次日卽下山、故知事在夜間焉。論三徒之所見、(一)絕大之榮光、此光自內而發、非自外而至、素日被肉體所

隱之　神榮、今由主身外發矣。(二)摩西以利亞與主對語、可思律法及先知、皆指主之死。彼二人之同主在此、宛然天堂之一部分、偶臨塵世。門徒雖則懼之、然亦思有術而挽留之、因有設棚三座之說云。(三)見雲一朵(彼後1:17)、又有絕大之尊榮焉、如　神在前世時、此藉以與人相居者(尼9:12)類同。三使徒親聞　神之言、知此三人中、主尤大於摩西以利亞矣、蓋未云人宜聽彼、乃言主者、爲人所宜聽之愛子也。可見律法與諸先知書、前爲主先事之影像、今者主之實形、已在當前、故宜聽之如君耳。使徒一聞此聲、知　神在前、懼而皆仆、此人在　神前、必然之勢也(創17:3。書7:14。士13:20。結1:28。但8:17。啟1:17)。其仆於地、未知歷幾何時。但前此主未降生、既來慰但以理(但10:10)、後此主已升天、又來慰約翰(啟1:17)、此時主方在世、亦慰其門徒。(四)下山時主語徒曰、“人子尚未自死復活、勿以所見告人”。此禁若論他人、其故易明、(見本卷九十六節)若論餘九徒者、或防其生妬忌疑惑心耳。雖未知不宜告之故、三使徒亦姑從命、因在山時、已聞有聲云、“爾其聽之”。耶穌於禁止之時、又言及復活、此在九日前、主已言及。按彼時彼得勸言、可知彼等所聞、僅一死字。耶穌復爲贅一語云、三日後必將復活、此言雖若未聞者、然於聞摩西以利亞並皆言主將受死於耶路撒冷、心疑遂釋。惟人子又活之言、終未了徹。雖知至末日時、衆必復活、然主所言、並非末日、故不明所謂、因私相詢詰、以究此言之意焉。

耶穌實錄講義　第五段　自第三逾越節至搆廬節　一百十三

九十九節

於山既見以利亞矣、又思文士嘗言彌賽亞未至之前、以利亞先至、而據己所見、則彌賽亞已至、而以利亞竟後至、意所未解、因質之於主。主覆之曰、以利亞已至、而人不之識、任意待之、意與馬太十一：十四類同。至此、門徒始知先知所言之以利亞、卽約翰也。

醫患鬼之童子（太17：14—20。可9：14—29。路9：37—43）此處雖非以色列地、亦多猶太人居之、間有文士、見九使徒不能驅鬼、遂與之辯駁、率以權能之乏、諉諸其師、未能賜之。未幾耶穌至、詢其所以（可16）文士見耶穌在前、遂不復辯。門徒自慚、亦寂然無語、故童子之父（17．18）以實情告、然未求主醫治、觀本句之意、似已失望矣。耶穌遂責衆人。（責之之言、或祇與九門徒言之）人雖不識主、鬼見而識之。自知居停人身、已無幾時、遂肆其忿怒、有若狠惡之租戶、識將遷居、輒先毀傷其房屋焉（可20）。以其父不信、故主先感之以信、然後醫其子。先詢以何時患鬼、以激之生望、其父覆之自少時、第以其子方受此害、不暇詳述、卽求主云、若能爲之、卽當相助。但其父之過、在一若字、觀主之（23）答之、意謂若之云乎、是不在我、乃在於爾、爾若有信、我無不能者。其父識其所由、遂祈主增益其信心。可見人卽無智、儻被聖靈之啓迪、卽知信心亦賴　神賜。其父之信已至此地、耶穌遂顯其轄鬼之權、而使之遂出、不令復來焉。鬼又顯其殘忍之性、以害無辜之童、幸生命在主、而主引手扶之、童立起矣、思主所爲、可推知以下三事。一人必有信、始得承主恩。二父母之信有益於其子女。亦見腓尼基之三女與賉魯之女 坐寶座之主、救微賤之人、不惡其褻。是夜耶穌寄宿山上、儼坐於其寶座然次日仍下山而救罪人。門徒意謂主前所已施之權（路9：1）、今則不能（可28）、此何故也。主之告之、意謂人貴有信、尤須益之以禱、其能乃大。信雖小若芥子若加以祈禱、大事且能成之、況於小者乎。再觀主言、此類之鬼、從知鬼之爲類、蓋不一矣。

一百節

耶穌返於如利利、復言將次受難（太17：22—23 可9：30—32 路9：43—45）○主至之處、文士已知且多有從者、卽在此久居、亦無暇更訓使徒、其返加利利非爲布道、因（可30）"不欲人知"耳、乃欲藉此時間、訓其門徒知致命之道。觀三十一節"蓋"字（英文新譯）之義 門徒已知其將及遇難、然耶穌此次、復更端而訓之、因云、人子將見付於人手、此意（路45）仍甚隱祕。此諸訓誨（太22）、均在主入加利利後。其地已不可知、因本節譯作居字、卽原文而論、尚有盤桓之意也。

一百零一節

主返加伯農而納殿稅（太17：24—27）○殿稅之收於何時、議者甚多、卽曾否向主徵收、亦所未詳、Andrews. P 333. 此稅（出30：13）凡猶太人皆必納之、惟先知及爲啦吡者、或不之納耳。觀收稅者之言、可見納稅既係常例、故彼得近日、雖在山已見主榮、竟以納告、迨入室後、主示以殿主之子、理宜免納、蓋國家常經、原無納稅之皇子耳。彼得已受此訓、後雖納稅、亦無所妨、故主命其釣魚以備。於此術中、亦顯耶穌爲萬物之主、無所不知、蓋湖中之魚、亦能悉其所在。此事之奇、不在魚口之有錢、（因魚多見明物輒思吞食）而在主預知此魚、且令彼得惟釣此魚也。主雖不宜納稅、然決不爲茲細事、見罪於人、故納之焉。此又爲吾人之楷模矣。

百零二節　主訓門徒勿求高位　太18：1—5；可9：33—37；路9：46—48。○是時主常言天國將臨、雖業語門徒、必受如許患難、始入此國。但彼等之成見、未能遽忘、及聞主言、以爲不久必有大榮、將見大衛之子、端居寶座。因思廷臣之中、尊卑攸分、故途中私議、誰人地望最尊。此言來由、諒在主已許彼得（太16：18—19）。後攜同雅各約翰共登高山、又觀馬太十八：一維時二字、似主與彼得之納稅、尤激生其餘門徒嫉妬之心、故在中途（可33）、卽相爭論、及入室、主不待其發言、先詰其所議。彼等自知心念、既爲主所洞鑒、故皆默然。主遂呼一赤子來前、使知不自私若此人者、乃眞天國中人耳。繼復抱之、以示此等人爲主所愛。又言吾人待主所愛者、應如待主矣（可37）。

百零三節　論阻人事　神及陷人於罪　太18：6—14；可9：38—50；路9：49—50。○耶穌所云、奉其名以待人之言、卽藉激約翰之天良（路49）、遂取一前事告主。主訓之云、有能爲主効力者、雖不與己同會、不惟不可阻之、且宜助之。非惟不阻其事主而已、又愼勿陷人於罪、蓋如此行、不第見罪於人、在己亦將攖莫大之禍患矣。至於推己之心、以明待人之理、卽曰、爾身所深自愛惜者、任取一支、如目也、手也、足也、之最要者、苟陷爾於罪、必須棄之、良以人生要事、在防不滅之永火也。○繼又增益其要意(可9:49)、言獻神祭物、皆先培以鹽(利2:13)、後獻此祭、以表凡獻 神者、宜令不朽・然則吾人之心、亦宜充以眞理、不然、不能不朽、卽不蒙 神悅納・因此(可50)、宜防一切令道失味之事。○又觀馬太十節、耶穌復以童子設喻・此處所錄與馬可同出一時 乃抱持之、特顯孩提之蒙殊遇耳。馬太十一節不見於古卷之善本諒由路加19:10假借者

馬太十二至十四節、似主重言之喻(路15:4-7)・此時係向門徒言之、而路加所記、乃向法利賽人、與其文士言之者也・所與言之人雖異、而其理自同、蓋誠爲主謙心之門徒、不惟有天使之保護、卽主亦重視之矣。

百零四節

論有人獲罪於己太18:15-35。○使徒既有爭位之舉、彼此獲罪、亦事所恆有者、其獲罪於人之不可、主已言之矣・復從對面設想・如有人獲罪於吾、將何爲而可乎・所言之道、與猶太人之說、適成反對、按猶太衆啦吡云、凡有過者、當先至宣言・耶穌乃云(15)・無過者、宜先見有罪者、背人勸之、免令無顏。夫論吾之獲罪於人、猶太人之例善矣・然論人之獲罪於吾、則不如耶穌所言、處法爲絕妙也。如其弟兄弗聽、仍宜從暗中規勸・其攜有佐證、特欲使之不得不服耳・彼若知悔、罪雖重亦當宥之。彼得數日之中因

爲人所嫉、諒屢聞謗言、故問主云、宥獲罪於己者、當以何爲限乎．其意以爲、宥人固善、然亦有其限。主答云、卽四百九十次、爾亦當赦之、意卽靡有限期耳。縱如此赦之、然以吾之赦人、較之天父之赦吾者、所差尤遠甚焉．因設惡僕之喻、藉顯其理、使吾人知苟不恕人、其危險之大、眞有不堪設想者。

百零五節 耶穌兄弟催之赴節 翰7：1—9。〇自主後二十九年之逾越節、迄於此時、約翰福音止錄此七：一至九而已、因約翰常規、惟記近耶路撒冷之事也。其不然者一章至二章十二節又四章六章及七章一至九節 搆廬節者、猶太人之一大節也．耶穌兄弟、似欲其乘機前往、使衆週知、不必僅在鄉間隱居、雖知猶太人意欲害主、仍勸令親往．此應耶穌所言、人之仇卽己家人。觀前屢勸主、不可過勞、似尙有手足之情．此時似殊乏愛情者、或因主不自天顯奇蹟、附和大衆而不信歟(5)。主答辭(6—8)、„爾等無不便之時、卽可以隨意去“、世人不惡爾、等予有定章、未至其時、不能冒死．此非言其不去、乃云是時未可去耳。

百零六節 主往耶路撒冷 翰7：10—13。〇約翰言主此次之去、非顯然而往、乃隱然而至者．註者率議此言、以爲主蓋云、不與大衆偕往、乃乘人之不意而至者．然此句之意、大抵非謂如何而去、第論如何而入耶路撒冷耳、因緊要關係、卽在於此、且耶穌在途、不能自隱、故遂與十二使徒而同行耳。

附註 按伊氏云、此主離加利利之末次也、後不復至．故知此事在撒馬利亞之鄉人不留主宿、及差七

百零七節

十人布道兩事之前。然依此列之、與路加九：五十一至十：二十四、大抵不符、故多列之搆廬節後、似此雖合路加所列之序、然四福音中俱未記主從搆廬節而回加利利、兩說既各有疑難、故未詳何說較勝、此卷既按路加所記之序、故姑從第二說焉。

耶穌於搆廬節之中日講道於聖殿 翰7：14－24。○此節期共有七日、而耶穌（14）近節之中日、始赴聖殿講道、從知已歷三日、主乃忽至、此復應馬拉基三：一之言。十四節主之所講、約翰未錄、所可知者（15）、顯見主於聖道、淹通異常、令猶太人驚奇。猶太人之意、蓋謂學問淵深者、要必求之於聖道學堂、卽其啦吡學堂也、舍此其奚從哉。猶太人謂啦吡所講、必本於古傳、而古傳必不外乎律例、而律之大原出於 神、是則作啦吡者、若祇憑己意宣講、卽不必從之、故人於爲啦吡者、其所宜聽者可知矣。據此理、耶穌雖未至其學堂、亦能云爾等宜悉聽予、蓋予之道、不出於我而出於遣我者也。道之出於 神否、何以知之、觀其所行、卽能悉之矣、蓋非出自 神者、必求己榮而自 神來者、必求 神之榮也（17—18）。時至今日、此理仍爲表 神差之確據焉。上二意、猶太人不能駁之、此見主本無不義、既無不義（19）、則思殺義人者、明係違犯律法矣。此條之理、衆亦莫能駁之、遂誣以謾語、而詈之曰、（20）"爾患鬼矣、孰欲殺爾"。惟其言（25）、顯係謾語、故耶穌遂以殺之之故、明示彼等、且引行割之例、按證

耶穌實錄講義　第五段　自第三逾越節至搆廬節　一百十九

己無當死之罪。言於安息日、人從摩西之律、行割禮、爲求體之小益、不爲背理(23)、予求全體之健全、而爲有罪乎。此固通論、亦至理也、故耶穌繼勸有衆(24)不可祇卽外貌而相繩、當秉公正而論事也。○官員前思害主、時未舉事、故耶路撒冷之居民、皆大奇之(25—26)、畧疑官府亦信之、雖疑其信、民衆竟執意不變、決議主非基督(27)、”因基督來時、人莫知其所自、而斯人所自、吾等素知。“恐如此判理之是非、已信者將爲受惑、故耶穌(28—29)揚聲而言曰、”爾知我、亦知我所自、遣我者乃眞、爾不知之、以我由之而來耳。“彼等聞此語而大怒、竟忘其前此(20)所言、遂欲執之、此搆廬節內、主與敵人爭辯之首日也。勝負所在、詳見三十一節。

百零八節

法利賽人謀執耶穌 翰7:32—36 45—52 ○法利賽人聞主之得勝也、遂與諸祭司定議、遣役執之、雖無告於主者、然觀三十三節、因此二字、耶穌已知有偵探、雜於衆間、心隱憂之、因言不能恆久如此、”我所欲至、爾弗能至“。此不第預言已將受死、並言彼等應受之永刑。聞此警戒、門徒可知非主允之、人必不得而執之、蓋人之籌畫、業爲主所洞悉。至節之末日(45)、差役稟覆仕宦及法利賽人、因事未成、意甚不平。思於差役前、故作莊語云、何不曳之來乎。因得一宜信從主之據焉、蓋其差役爲主作證也。彼等之不問而鞫、與律不合、故尼哥底母時雖惶懼、然一聞此語、立形不悅之色、觀衆人之覆尼哥底母云，"爾亦出自加利利乎，"知其決不據理審主。其素行之惡、亦可見矣。蓋善人所認爲公論者、彼輒不願聞也。

百零九節

主於節期之大日招門徒（翰7:37—44。）是日也、以行有非常之禮節、故稱節期大日。伊氏曰此日行禮、有祭司於西羅亞池用金壺注以水、衆皆護送而返、傾大壇側之水溜內。主（37）大聲所宣之言、諒卽指此水、意謂向我而求、我卽與以尤美之水也。又或謂此一節期、既爲追祖宗棲曠野時飲 神賜水而設、耶穌之言、乃指此意、如謂予卽 神所賜之水。此第二解、與哥林多前十：四適合、亦較勝前說。按三十八節、飲主活水者、不惟己能得救、兼可作他人得救之泉源矣。耶穌在衆中、已以先知見稱、至此高聲宣言、人遂聚論紛紛、有信者、有疑信參半者、更有竟不相信者、甚有忿而思執之者、惟其時未至、故無著手者耳。（自翰七：五十三至八：十一僅見於次等古卷中、次等古卷所記亦不相同、諒此處自主後一百五十年怕皮亞氏所註之耶穌言行、或係假藉、事之有無、已無由推知矣）

百一十節

耶穌言已卽 神（翰8:12—59。）耶穌此論、或節期大日言之、或節期次日言之、（次日亦爲節期）俱不可攷。因錄於差役回復之後、意當是次日也、蓋差役必俟大節已過、始得稟覆也。伊氏云、每值此節期、於衆所聚院中、環設大燭台四、晚間燭光輝煌、照耀全院。耶穌所言、蓋卽假此設喻、言己爲全世之光、有若此燭臺、爲殿院之光也。或是或否、今不能解、因猶太之古卷、每藉光字、以喻當來之彌賽亞、意耶穌亦作此言、證己爲彌賽亞歟。彼等（13）意遂不滿、耶穌（14—18）覆曰、“我雖自證、我證乃眞”、因己之自證、亦有兩位、即己並己之父也。主謂父亦同己作證、乃指所與行　神蹟之能也。此處有二難焉、一蓋耶穌已言（翰5：31）、我若自證、則我證非眞、驟觀此語、似與十四節不符、細思二處、其義正自相同、因皆言有父偕之作證、如此、故揆之於律、其證原足取信耳。二蓋作證者、須有兩人、其一爲己、規例雖準、然得別有一人、雖係一婢、亦可同己作證焉、惟奴婢作證祇能貲以救護而不可以之處治人耳　耶穌於此、按此理而言、遂令猶太人、無所藉口、因（17—18）若二人之證、即爲足憑、而人　神同作之證、尤當採納矣。此言猶太人無以答之、惟掩蔽衆目、遂譏主云、爾父安在乎、但魔鬼之諂、祇能害己、耶穌因按其言、明證其不信之原、因由彼之不能識父、苟既識之、必不如此訕笑矣。觀二十節、可知與主辯者、皆係尊貴之人、惟因此等人、得至殿庫也。觀上（13）既有法利賽人與之辯論、自二十二節、以至章末、與辯者、復云猶太人（22・31・52）、顯見當前之人不同矣。由五十九節、知其後之言、乃在殿院言之、因殿內皆砌以巨石、人莫能舉之也。至於與兩等人所言之理、耶穌先復言（21）衆所未明之意、以致彼等動問、然後藉之明言己所往者、彼等不能至、因（23—24）其性情屬下、且不欲悔改、故去世之時、屬上之所在、必不

能至也。此言似謂己德較勝、故（25）彼等詢其爲誰．耶穌覆之、予業告爾、又得議爾判爾、所議之言、皆
聞於遣我者也。彼等（27）不知所謂、故耶穌以二十八節之言、明以告之、又預言聽者、將如何害之．耶
穌懇切至此、藉己事爲據、遂有多人信之（30）。但此爲無恆之輩、故主勸之要恆居其道中、而得自由
之益（31—32）．然而此言、適爲其躓足之石、蓋按肉體視之、彼等云我爲亞伯拉罕之後也．抑知按
靈而論、則其言皆非、蓋戕害義人、此非亞伯拉罕之心、尤非天父之心（42）、乃魔鬼之心也（44）．故
卽肉身而論、雖則亞伯拉罕之子孫、然究係魔鬼、卽誣害人者之後裔耳。耶穌證明其非、後遂轉詰之（
46）曰、爾輩中、誰將以罪擬我乎．衆皆不語、主繼言曰、予既無罪、則所講者必係眞理、爾胡弗信歟。衆
莫能答、耶穌遂代答之曰、必由　神而來者、乃能聽　神之言．爾知爲眞理、不欲聽之、則是非自　神而
來、乃由魔鬼而來者矣。此一眞理、猶太人無從駁之、於是詈之（48）、詈語之首句、耶穌置不理、以其不
惡撒馬利亞人也．聞第二語、遂堅不承認。然主之來世、欲救人耳、非爲與人辯駁也、故於五十一節、又言
及己爲救主、能令人永生。衆人此時、全未思及　神罰亞當、爾必須死之言中、原含有兩意、故復詈之、謂
主乃患鬼、自大之極、耶穌復答之曰、我非自榮、榮予者　神也．且（56）意謂我實大於亞伯拉罕、因其
”欣然冀見我之日、見之則喜矣“。大小之別、悉於此句顯出、猶太人故以謬語與辯曰、”爾年歲未至

五十、何能見之乎。”耶穌並未嘗言我見亞伯拉罕乃云彼見我之日云云耳言至此、耶穌識時已至、不惟自稱爲彌賽亞、又（58）稱己爲永生之神、”亞伯拉罕未生、我自有矣。“此語乃天父自稱之名也（出3：14）、亦卽無始無終、永遠常存之意也。漢文作耶和華猶太人至今諱此名稱耶穌藉此、亦卽自稱爲耶和華。民衆聞之、以爲褻瀆、故（59）遂按律議罰（利24：16）、欲取石擊之。耶穌如何避之、未能確知。若在晝間、乃俄忽不見。然觀本節之始、或係晚間耳。

百十一節

耶穌醫瞽者　九章全。有福音合參列此章及十章二十一節於修殿節時（翰10：22）○觀本章十四節、知此乃安息日所行之事、諒係節後第一安息日、因主於此無益之地、將不能久待。觀一二節、知使徒問及此人、乃因耶穌先已注視之、門徒此問、亦顯疑法利賽人之成說。其成說觀三十四節可畧知之此人非親求醫、故耶穌（6）先激其生望。卽信心之萌蘗蒙醫之後、前此識彼者（13）、遂引至法利賽人前。其引之之故、見十四節。由此而知、雖耶路撒冷之居民、亦深怨主、蓋思授法利賽人一害主之欛柄、反使彼等生疑難之問題。何則、蓋準照古傳之規、則主於此、有二罪焉。一在安息日作工、卽和泥塗目也。二當安息日、醫可以從緩之病。病之急者、安息日固宜醫之、然此乃生而瞽者、且已歷四十年、則顯非急症之比、如此故法利賽人、卽有所難、謂古傳之說是、則耶穌所爲皆非。謂耶穌所爲者非、其權能又何由而得乎。會衆於此（16）、遂起紛爭。處此兩難、不得已、遂詢之本人曰，“彼既啓爾目、爾謂其爲何人乎”。答曰、先知也。然先知二字、原文之意、卽代 神出言作事者也。代 神之所爲、卽 神所爲、如此則仍與古傳不合。但人心舊時之成見急難棄去、故會衆復尋緒辯解、言此人或非生而瞽者耳。觀九節他人意亦如此 卽詢其父母曰，“此爾子乎”。應之曰然。又問曰、“生而瞽者乎”。曰然。曰，“今何以得見耶”。其父母家貧、恐(22)被革教、遂答云未知、蓋貧者出教、自斷其生路故也。上二術尙未能行、故猶太人復定一術、防耶穌得膺大名、乃復令本人來前(24)、勸之曰、今者爾之蒙醫、信非誣也。然此乃 神所行者、歸榮與 神可耳。如彼人者、吾知乃罪人也。其意蓋謂此神蹟、雖適逢耶穌行術之時、究非其所作者、故祇宜歸榮與 神耳。準據此節、從知彼等不論何事、皆固執其成說也。然其成說(25)、不足以服瞽者之心、因由所親歷、彼亦深知、乃謂此榮當歸耶穌。至此已問畢三步矣。然欲得之據、究未詢出、故別無他術、惟自始至終(26)、復詢瞽者、冀復詢一次、或尋得告主之間隙耳。但値此屈彊之瞽人、不免作難耳。是時瞽者、不能復忍、不惟不告、反(27)讓之曰，“我已告爾、爾弗聽、何復欲聽之、爾亦欲爲其徒乎”。公會先僞爲求實之式、及聞此言、遂露其眞情、從而詈之、竟偶失一言云、吾儕不知斯人奚自、瞽者(31)、遂假此言、據衆啦吡平時所常講之理、駁衆議而倒之。不惟證明主自 神而來、並顯瞽者與以色列之諸大啦吡、當易其地。公會如此無顏、遂依勢欺人、

百十二節

而逐出之。思上所錄、知此瞽者、乃　神欲假之、證明耶穌爲彌賽亞也。亦顯目能視、而心不能鑒者、乃眞瞽者也。

主自譬爲門又爲善牧者（約10：1－21。）卽本章六七節觀之、知此二喻緊連、且承上文。其訓亦適合、蓋九章之義、不惟能顯耶穌爲誰、兼證明以色列衆師、不堪膺此牧羊之任。主在此先發明僞者與不善者、有何如之行作。彼等既熟讀舊約、今聞耶穌一至五節之言、當思以西結三十四章之語。然羣外之羊、（6）、難明眞牧之言、故主自七至十八節、復詳言其意。先爲之解（7－10）、主爲門之意、及善牧者之（2－4）行作、後於第十節、解第五節之意。觀八至十節、復進一層云、前爲牧者、與人無益、亦不可爲門、惟耶穌非第爲牧者之門（2）、且爲羣羊之門（9）、出入得芻、皆賴乎主。復（11－18）申明善牧羊者、行作如何。而主之此論、適背猶太人之常解、蓋彼云善牧者、苟不與羊同處、羊或受害、咎歸牧者、因若與羊同處、狼或不來耳。與羊同處時、固宜保護之、然不必冒死險。主乃指此等牧者言曰、我乃爲羊捐命之善牧。思主此論、可分四段。一　主爲救羊捐命、眞實之善牧。前人祇知謀己、爲棄羊羣之僞牧。二　善牧羊者、見魔將刼羊之命、卽爲成　神之義、捐己命以救之、使魔鬼不得機害羊。三　善牧之捐命、因己非傭、工作數年、卽畢事而已、實爲之主人。四　羊羣匪一、悉爲平等、猶太異邦、中外並無區別、究將同歸一圈。

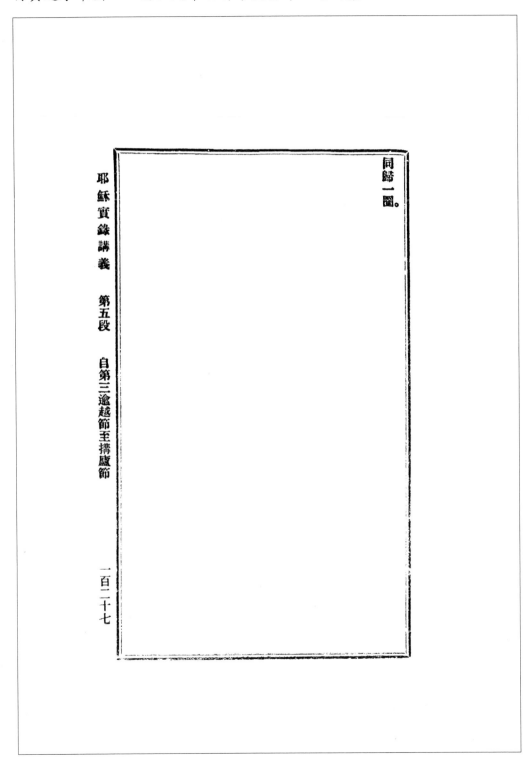

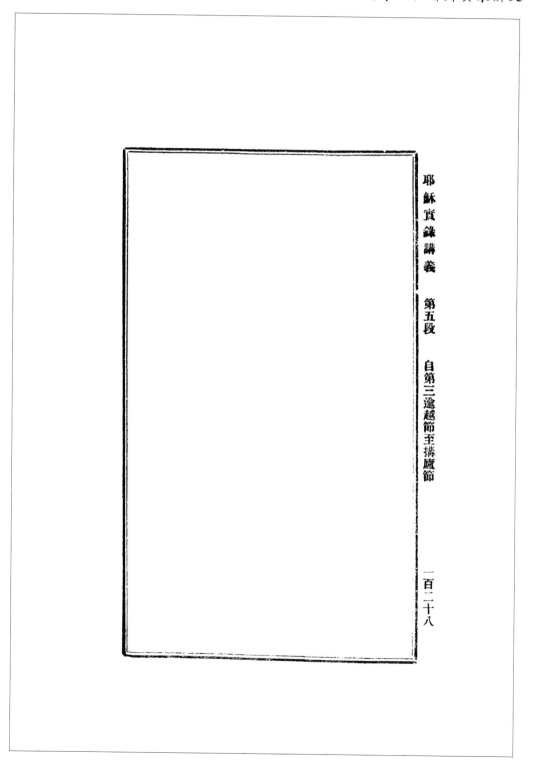

第六段　自搆廬節至主離以法蓮城約歷五月

百十三節

主末次去加利利（太19:1—2。可10:1。路9:51—56。）○搆廬節後、主於何時去耶路撒冷、書未明言、亦未言其回加利利、然馬太則言主去加利利、至猶太約但河外（太1）馬可所記、語亦類此、故著合參者、牽謂所言、乃主末次去加利利、非其赴搆廬節也。按路加所言、離加利利以先、欲赴耶路撒冷、且本欲行中路、但撒馬利亞人不願接受、故由他路離加利利、卽主素日布道之處、新約亦未言其復回、觀責迦伯農等處之言（路10:13—15）、知此諸地、已誤蒙恩之機。又觀主責其徒、欲罰撒馬利亞人之言、亦知未容忍人之先、則主弗罰之。主此次赴耶路撒冷過修殿節、途中祗有二事、諒從容就道、數日乃至也。意主或未入撒馬利亞地特先在其境上以俟被遣尋宿者之返耳

百十四節

分遣七十人赴外布道、復責加利利之城邑路10:1—16。亦見太11:20—24○路加言主遣七十人布道、時在撒馬利亞人不留主宿之後、因知此如許人、非往撒馬利亞、亦非往猶太省、蓋主前已布道彼處、卽不必復為備路。然尚有大地、亦屬猶太、為耶穌所未至布道者、卽比利亞是也。地在約但河東觀主之遣此多人、知非但為附近東路者、宣傳福音、乃備主路於比利亞之全地、欲藉以廣播眞道耳。乘主赴修殿節時、可報知各處、言主將至。主過節後、遂得布道之便。既遣人七十、知於加利利之功、不至徒勞、此次少

亦有人七十、配宣主道、此外未知之人、尚有幾許、然保羅（哥前15：6）言主復活後、有五百餘人、一時併集、知居加利利之門徒、當不止此五百人也。主之遣此七十人者、深憫衆人（2）、未嘗聞道也、所命之言、與前遣十二人（太10：5－15）、暫時之命類同、惟少以後常久之命耳（太10：16－39）。從知主遣七十人、蓋為當時之計、非久遠之策也。主亦命之在途勿庸請安閒談、耗費光陰、因無幾時、己必速至也。此後復言各城邑、不欲領受之罪。因思此罪、惟加利利地為大、故痛（太20－24。路13－16）言之。由此數節、亦見受恩愈大、卽負恩之罪亦愈重、哥拉汎伯賽大罪、甚於推羅西頓、而迦伯農（此城為主之故邑、太9：1）之罪、尤甚於所多馬。按哥拉汎大抵在迦伯農西北、約相距六里、卽今之哥拉西也。主遣七十人布道、既在撒馬利亞人不接主之後、遂有人謂主初無是意、後始翻然改圖者、如此度主、非也、伊氏以為彼七十人者遣自猶太、但主既無所不知、撒馬利亞人之不接之、必能預知、而其翻然改圖者、乃自人視之耳

百十五節

律師試主、主為設撒馬利亞人之喻（路10：25－37）。〇此事、福音合參多列主於比利亞布道之時、因此人有異耶路撒冷之文士、無怨恨之心也。但觀三十八節、意卽主往耶路撒冷時、故記在比利亞布道記錄之先耳。此人如此問主、匪有惡意、因猶太之衆啦吡、往往彼此考證、擇取疑難問題、藉相辯論。觀所詢之言、洵屬法利賽人之講、以為己必有所作、始得永生、絕無自責之意。彼既以律詢主、主卽以律覆之、

為欲顯其不能如此．但律師思顯己行、無疵可指、乃詢主云、”誰為我之鄰。“主不欲明言、為設一喻、喻中所言之祭司、及利未人、卽暗指此律師而言。彼一聞耶穌（37）之語、卽知雖道旁顚連、素不相識之人、亦為己鄰。律師原以行為問、主之此喻、隱訓以勿如彼等第守禮節之祭司及利未人、蓋彼等膠執律例之辭、而害其意（何6：6米6：6一8）。反宜效不守律之外人．彼未詢受傷者誰、第見人瀕於死、卽發悲憫心、而盡恤鄰之道、此乃眞守律者、見三十五節、耶穌欲示人知、僅行善事、以慰良心、非律例之實意、必成其事．始可已矣。此喻言畢、律師已悉其意．主因問此三人中、孰為受傷者之鄰乎。雖不欲言撒馬利亞人、善於本國人、彼不能不謂恤之之人、乃其鄰也。前此以義人自負、以為無可指摘、迨主言既畢、乃知於二誡中（27）、實有未盡者矣。觀此喻之情形此時耶穌諒在約但亞離下渡口不遠

百十六節

耶穌在馬大及馬利亞家路10：38一42◯觀四十節、知馬大馬利亞業已識主而信之、主行入此村（38）、馬大邀至其家。彼既請主、有人謂其乃家主、卽房舍亦其所有、不屬拉撒路、與馬利亞．然此不足據、蓋家中無論誰人、皆可作此等事。其不言及拉撒路者或因為時無幾偶不在家耳思主之言、可知人在教會、雖兼辦多事、要者祇有數端、少亦須盡第一大職、卽坐主足下、受訓於主。此解得之最古之二古卷中．據其內所錄、言四十二節、宜譯作”但所需者無幾、一而已“矣。此說亦合蓋馬大既請主至家、主已允之、不能責其

百十七節

備食之錯、第言不必如此忙亂、一味已敷所用、蓋最佳者、初不在是、而在人所不能刼者耳。

耶穌赴修殿節 約10.22—39。○玆此節之緣起、當猶太一國尚屬叙利亞時、叙利亞有一王者、於主前百六十七年、曾汚聖殿、焚豕祭壇上、變而爲丢士之殿、內多淫行、又復興古時敬巴力之劣禮（即希臘敬巴力禮之變更）之三年後、瑪喀比猶大逐出叙利亞之兵、潔除聖殿、復崇獻禮、特先潔治之、（非重修也）然後獻 神。因記念全國得救、故多有來守節者、節期時約八日。觀耶穌（25）之應對、知猶太人詢主之言（24）、並非善意、主藉彼所已明之理、告以不信之故。所言如二十七八兩節、最足慰人者、計有六語、論羊者三、論牧者三、兩兩對舉、其意如左

羊羣熟聽我聲、　彼呼我悉其名、
方同與我趨步、　我惟錫之永生、
亡淪切懼爾及、　將誰攫我手中。

觀首二句之意、知皆有羊之工、又皆有大牧之工、但結處一聯、非羊之工、悉蒙大牧之恩惠耳。是知此二節者、乃言人得救之安慰、皆 神恆久之保護也。又觀（28—29）兩節之末句、詞意畧同、惟以父代子、此即與 神平等之意、但欲人週知、尚恐其言隱而難窺、主遂繼言予同父一體、猶太人緣此、復欲擊

之以石。在三十二三兩節耶穌以已如許善事作證、卽繼(34－38)曰、此卽其與 神合一之據、人於此處、或謂耶穌懼難、而作推諉之語、及觀三十八節、知非爲此、蓋如此、則與主所言不甚關切。舊約常稱人爲 神、而耶穌所陳之理、則如下所述。前充士師諸人、非 神所遣、亦非 神所特別、得成爲聖者、第代天父握權之人耳。此輩尙稱爲 神、況天父所遣、能作諸大事者乎。此諸大事、的非人所能作、爾宜知父卽 神、子亦卽 神、子與父二而一者也。耶穌言理如此、衆復欲按律、取石擊之、耶穌遂復用前次在拏撒勒所顯之 神能、出衆中而避之矣。

百十八節

主離耶路撒冷赴比里亞(翰10:39－42)。○耶穌所至之比里亞、多言係加利利湖之北鄙者、諒亦未確。一第四十節、明言主赴約翰當初施洗之處、而此處(見上二十八節)在耶利哥東。二主前已布道加利利湖之北、且此又非前此遣徒備地之處、而約但河東、未得親聆主訓。三古傳雖不可憑、苟畧符聖經、卽爲可信。按古傳云、主至耶利哥城東、卽約但河東。此地之人、素重約翰、因約翰前時、著名之地、距此不遠。約翰旣於此遇難、而昔所預言者、今其人已至、故人多就之。推其信之之故有二(一)約翰之預言、皆驗於耶穌之身(二)約翰所行之大事、其勞雖息、而其功隨之。此如許人者、本革勒 Bengel 云、殆猶約翰之遺腹子也。

百十九節

七十人歸(路10:17－20)。主大歡喜(太12:25－30。路10:21－24)。○七十人歸於何時、返於何地、未能確知。惟奉遣時、既將近過節、後主自耶路撒冷赴比里亞、諒其人之歸、卽在此時。前奉遣時、主第與以醫病之權。歸乃言於主云、鬼亦聽之。所逐之鬼、雖猶平常之使者、然其首領、則惟與首領相較、故主樂甚、顧其僕人而言曰、我見撒但、此時蓋大敗云。主之樂、亦因人之學、未必如文士律師、始能洞明天道也。繼言此大智獨一之道、惟子了悟、且能示知赤子（太27）。似此之人、若誠心歸己、卽得所許之福（28—30）。言畢、樂趣未已、遂言得見已臨之天國者、其福何如焉（路23—24）。此末言馬太路加所記主不盡相同、蓋各擇而錄之矣

百二十節

主禱文及設人宜禱之喻　路11:1—13。○此祈禱之辭、其意雖同馬太六:九、而言不盡同、顯非同時之言。馬太所言、乃對衆言之。路加所載、蓋因門徒詢及而特言之。其非一時所言無疑。然意相同、且同爲主訓、可知主未思施及吾儕一定之禱文。新譯本在此註所言之古卷乃最優者也此禱文可分二段。一顯天父無窮之豐富、曰"爾之名爲聖、爾之國臨格、爾之旨得成。"二顯人生遞層之跌落、先爲子、繼爲民、爲乞、復進一層爲干法之犯、爲無知之人。自五節迄十三節、是否皆此時所言、亦所未詳。蓋路加將數次所言、類記一處耳。因九節迄十三節、及登山所講、畧同馬太七:七至十一所言。意俱係彼時所言、惟自五節至八節、不知何時所言。觀五節之首、"主又謂之曰"一句、大抵與首四節、非一時耳。然無何時所言、其理甚顯、

一百二十一節

人於所不欲、尙因友人之亟求、彊起而速與之、矧樂於賜人之　神、能不視人所求而賞與之乎。
法利賽人請主食早膳路11:37—54。○觀路加此處所錄、並不悉按次序、因十四至三十六節、他福
音書所記、明係在迦百農事、本卷七十二三節故自十一:三十七至十七:十、均難核定其時地。特觀其中
之情事、大抵係在比利亞地、因加利利及猶太之法利賽人、有憾於主、必不屢以飲食請主。惟比利亞之
法利賽人、雖亦耳主之名、然未嘗相遇、故忌心畧小。觀李氏之序似以路11:37至13:9列於本卷七十四七十五兩節之間觀此人
之怪主不盥而食、知非主常至之地也。主雖先至約翰初次施洗之所翰10:40亦不久居此蓋在比里亞多有欲適之地也法利賽人見主
不遵常例、卽爲動怒、似所邀之客、有違故規、以欺主人者然。彼雖未言、主已逆識其心、遂勃發其義怒、嚴
責法利賽人、第務在外之儀文、弗識內心之切要。第欲獲人之譽、而未思　神所喜者、乃在內心。此亦由
神造、且爲首要、欲手之潔、卽宜行恤人之事、蓋手非不潔。爾法利賽人、外遵禮節、而心不潔、一則因(4
2)凡屬公義、與愛人之大事、爾竟忽之。惟他人未盡之細事、爾特行之、以顯己之虔誠。二則因驕傲已
極(43)、第知人之求己。三則因(44)僞託可近、以陷他人。責之之語如此、兼及律師、蓋彼等多依傍
律例、推出多許古傳、故此禍亦將彼及。一因祇知推委(46)、而增飾其小節、弗思引伸其大義、且不欲
有助於人。二因其迫害　神賜之僕。大意云、祖宗殺害先知、爾今推出如許謬解、如與造先知之墓同、因

常以虛理、蔽其訓誨、使諸先知、如無力之亡人・然雖歸過於祖宗、而己過之深重、實與之等、因蔑棄先知之實意、爾存心叵測、是律例之罪魁也。三因憑己妄談聖經、不欲他人自解（52）。如此責之、席固難赴、因彼衆怒甚、迫令多言、思即其失言而控之。

百二十二節

論僞善及爲主作證（路12:1—12。）主於何時言此、於門徒尚未確知、故未敢决定其原因・或因上節之事耳、大意實勸門徒、勿倣法利賽人（11:39—54）之虛僞、故路加錄之於此。繼勸以勿懼眞情之露、苟惶懼而不認主、及或謗讟聖靈、則後有大刑・若己能不懼、亦不必慮無辭置對、聖靈將賜以所當言者。

百二十三節

論貪心（路12:13—34。）究貪心之論、知爾時主在平民、大有聞譽、（求主之人但觀原文不辨爲兄爲弟）因有一人、思藉主言多得產業・耶穌窺識其意、並非求秉公正、明係貪心、因設富翁貪心之喻。此財主之罪凡三、一無饜之心・即業成巨富、仍思得橫財、適如傳道五：十所言。二無恤人之心・因多財而反致作難、言出產富饒、無收貯處・未思此外、原多倉廩、即諸多窮而無告者・是既不思人之缺乏、焉有愛人之心。三且未慮及神之不悅此行也・由其中心之籌畫（17—19）、必不提　神之名、此自然之理（雅—3:17）・彼既不服　神命（詩62:10末句）、遂應箴言一：三十二末句。如此犯罪、亦愚甚矣、因惟積無用於己之

百二十四節

物、轉瞬（２０）皆空。主遂揭人貪心之源（２２—２９）、在先爲用給憂慮、此後貪源、遂根心而生、習若性成、雖需用無缺、仍貪婪無厭也。宜取則於鳥花（２４２７）、悉賴天父自得所需。要者惟求　神之國、求之之時、內心亦不必憂懼（３２）、蓋天父之美意、常思將天國、賜與爾等也。天國既如此之要、則吾輩當思（３３）、積財於天、而不必顧慮他事矣。

幹敏之僕人忠智之家宰　路１２：３５—５９。〇此二喻、與上節之意相連。吾輩既留意天國、卽宜存希冀耐俟之心。望天國之君速至、至而叩扉、卽與啟之。似此忠智之僕、必得獎賞。蓋家主來至、睹之而欣喜異常、甚至親出而伺僕。主之來至（３８）、本不拘吾輩之幼壯強耄、故當一生警醒。作僕如此、必蒙推獎、蓋家主之所悅、不在事之多寡、而在僕之忠心耳。三十九節、卽繼三十八節之意、特稍易其喻耳。使吾人知、無論主何時至、究係突然。主如此來於吾人臨終之日、亦卽二次降臨之兆也。〇彼得聞上所言、疑將衆徒一例視之、意主終宜區分、故於使徒及衆人、務求分淸。主（４２—４８）之答言、使知雖微有差別、特僕人中之微異耳。亦藉顯忠心之教牧、與不忠者、其所受刑賞各殊。繼言（４９—５３）各人日後之工、非第耐待而已、亦寓受試之難焉（４９）、其來於世、有若火之潔一切然。若火已燃、已足主所望。但道之丕振、尙俟其遇難之後、故（５０）主亟望功之速成。觀主此心、欲人從速偏傳其福音。又（５２—５３

一卽人而論主之福音、必起人紛爭、暫不平安、意同馬太十：三十四至三十九。此上（42—53）所言、蓋向信者言之。至五十四至五十九節、始言於衆曰、爾等勿謂此言、第與信者有關、以色列之天色、必將更變、爾等切宜認眞度於己合宜否。其合宜者、主於五十八九兩節、已用喩申明其意、卽宜乘方施恩時、速向　神乞和、勿俟至審判之日也。

百二十五節 論加利利人被害暨無花果樹之喩路18：1—9。〇耶穌既假前喩、言衆人攷察天之氣色、聞之之人、有已喩其意者、遂譏之曰、斯言誠然、爾加利利人、前嘗占候天色、謂天時已至、忽起作亂事、竟被彼拉多殺於殿中。耶穌答之曰、爾以彼衆加利利人、罪猶重於他人乎、使其如此、西羅亞樓傾之日、壓斃之猶太人、抑獨何歟。是知爾等之論、尚有謬誤、彼人之罹此害、非其罪特重於他人、乃　神藉警爾等宜知己之獲免此刑、非未負彼人之重罪、乃獨邀天父之殊恩耳。耶穌既已言此、遂設無花果樹之喩（6—9）、顯明此意、使衆知生命所以延留、非果樹之佳、乃天父之惠也。主此申明、亦係培植之功、彼等宜乘機悔改、不然、終必剪除也。此語之意、所包甚廣、今撮其要者二事如下。一見人受苦、勿謂因負重罪而然、宜思己之不受此刑者、係寬待之恩耳。二明顯　神置斯人於世、欲其結實、儻終不實、必不永存之也。

百二十六節 安息日醫痀瘻之女路13：10—21。〇祇觀十二節、似此女初未求醫於主、主胡弗依常假施之術、激

百二十七節

發其信心乎。但觀十四節、又似此女、專誠求醫者。會首之爲人、蓋小有才者、不敢逕行與主爭辯、故假託以責在衆、其意實欲責主耳。主卽與一定之名稱、因其僞爲安息熱心、以故不欲人至求醫。究其發怒之故、蓋因此女被醫、以致耶穌得其尊榮故耳。主因責云、爾等假冒爲善之人、知防己牲之受害、當安息日、猶解而飲之以水、豈予不可釋一人乎。且在牲畜、僅一日之縶維耳。此女受此束縛、已十有八年、豈未可以釋放乎哉。爾等於用力之事、雖安息日爲之、不爲有罪。矧予一言而疾遂愈、可爲有罪乎。爾等固執之故、係己私心所爲。予第求有益於人、且此女者、初非外人、亞伯拉罕之裔也、尤爾等所宜恤者。爾何賤人而貴畜哉。主言理甚直、無惑乎主之仇敵（１７）、聞而慚甚也。然此較加利利之法利賽人、差勝一籌焉、蓋彼等而受此責（太１２：１４）、將設謀以害主矣、而此人反自慚。衆反樂之、耶穌爲此、遂設芥子麪酵二喻、欲藉顯教會、初雖甚微、然有爲他教所無者、卽其內所寓、自然發達之生機也。

論得救者之多寡路１３：２２—３０。○詳觀二十二節之言、主旋返時、非逕至耶路撒冷、蓋布道於鄉邑、且宣且行、漸向京城耳。將返時有詢之者曰、"得救者、其寡乎"。聆主答言、其人自以爲無傷也。主曰不然、當努力入之（２４）。吾輩不得因在此世、似業已得交於主、以爲必入其國也、蓋有生於教會（２８）、行將見閉於外者、又有生於教外、反將進入其內者。卽於教會內業已得救（３０）、又不必定居首位也。

於二十五節、知乘主坐待延客之日、尙爲可入之時。若主已起、行將閉門、人至而求曰、予前在教會中、嘗聞爾之善道矣、請爲吾啟此門也、則無益矣。詳觀此意、然則教中之虛僞者、宜速行悔改、作篤實之以色列人也。

百二十八節

法利賽人試嚇主路13：31—35。○是時主居比里亞地、與加利利、均屬希律、法利賽人思假此術、嚇主使離此地。詳究其故、(32)蓋因主行異能、其效至大。然耶穌既爲猶太人、本國之內、可適之地、僅有兩處、或至腓力所轄、即加利利湖之北鄙、否則至猶太省耳、無論何往、均有礙於彼教、彼爲是謀、顯見魔鬼之心、本非寬宏。據彼陋見、設不布道此處、即亦相安、抑思即在他處、其有妨彼教、仍無少異也。謂耶穌云、"爾可速去"。主即覆之曰、"爾等可速去。"蓋主自有目的、門徒所懼(翰11：8)、尤未變主初志、而況讐敵之奸謀哉。猶前此約翰斥責希律之淫行、而不憚開罪於王者、其心同也。耶穌今揭希律與法利賽人詭譎之計、狡滑之心、(32)遂呼希律爲狐。繼此明示有衆、其不之懼、因遇難之地、不在於此、乃在耶路撒冷也、言及此名、輒思及其京都所能成之勢、與其將成之式、遂黯然心傷。主末次退居聖殿、亦發此言(太23：37—39)、諒係兩次言之、否則路加借用之耳。

百二十九節

法利賽首領安息日邀主赴席路14：1—24。○此人請主之意、未能揣知。所可知者、彼衆常思藉端以窺主耳。所言之病人、或故意帶至、試主於安息日、是否施之醫治、均不可知、耶穌乘未辯論之前、卽行醫之、使彼走出、蓋不欲其惟求益於身體、而害厥靈魂也。主所陳之理、略同路加十三：十五、此理衆莫能辯、夫此人不幸陷罪坎中、主安息日救之、何過之有焉。至赴筵一事、耶穌在世、雖係作客、然衆人之東道主、彼亦可作之、先示知其餘之賓、不宜有自尊之心、因尙俟主人隨意排定也、惟有一事（11）賓宜牢記不忘、言畢、卽與東道主理論、使吾人知應酬時、勿祗求適己、當求所以悅 神。此數節之義、非禁吾人邀請富翁、必概絕彼等、亦非人情、然不可惟請富家、忘却貧素耳。主已提義人復生受賞、有賓（15）思及猶太之舊說者、卽人於天赴大喜筵。主因其所言、取譬明之、一（16—20）。言猶太之上等人、如何推辭、不從所請、主人從而怒之、二 言平常之人必至（21）、稅吏並罪人、卽法利賽人以爲有罪者 彼等亦非自至、蓋自知不配、由僕人延入者也。三 主必引異邦人（23）至。詳此喻之言、以上首二等人、係言猶太人之如居城中者、惟主爲多人備之、故令僕不惟適衢路中、卽指天下諸大國 亦須親至籬落間、卽指偏僻之區 "勉人入之"。然非迫以勢力、如天主教之講此節者、然乃吾儕自勵、引入他人、入卽無別、同赴一筵也。此喻之意、所含甚廣、茲擇其二、(一)主此後卽循此序、先遣使徒、布道於猶太、然後傳主異邦、（使13：46、18：6、22：18・21、28：28）(二)主論請客之言（12—13）、非但論肉體所食、兼及靈魂之糧。吾儕宜友貧人、爲之盡心、與他人同、蓋人在　神前、原無貧富之分也。

百三十節 欲從主者宜計己之能否路14：25—35。〇按此二十六節、原文無愛字、乃作人若不憎其父母云云、耶穌之爲此言、因二十五節多有欲從之者。既知此等人未悉從主之難、故言不可暫時相從、須堅定己志、無論遇何阻難、自始迄終、立志不變。主爲此言、非阻人前進之心、而生退後之念也、乃欲人堅定己志耳。然人當先量己力、免廢在半途。志已立矣、能行固善。設（26 其親不悅所爲、事主之志、仍不可變也。此見三十三節、爲是段之總結、非言吾輩、終必遇此、然宜先有成竹、萬一遇此、始不移其依主之志耳。其末二節、乃無志之人、所有之後程。如此人者、非謂無用於教會、任至何處皆然、祇可棄置於外耳。

百三十一節 亡羊之喻路15：3—7。〇路加十五章一節云、爾時衆稅吏及罪人、附近耶穌、欲敬聽之、蓋耶穌（路14：13、21、23）之言、足感發其望救之心也。惟古今人心、大抵相同、貴顯名流、每羞與賤役爲伍、亦不欲收入教會。法利賽人爲此憎主、已非一次（路5：30）。耶穌遂爲陳三喻、欲顯　神冀望之愛心、久而益切。又顯　神視罪人甚足寶貴、蓋首喻所失之羊、爲所愛百之一、次十之一、再次二之一、而於第三喻、其望人悔改之念、愈爲顯明。合三喻觀之、見人之罪、愈久愈重、首喻所論、特不知自失之、次喻所論、則己心之內、已有　神像、亦被失之焉。第三喻言明知其理、而情甘爲惡、前嘗與父同案而坐、今則離之、惟求世之飲食耳。○第一喻、以喻法利賽人、極爲確切、彼等卽牧羊者（結34章）、而不尋被失之羊、待大牧尋之、反指而非之。是喻足顯人偏惡之性、譬之閉羊於闌、惟思覔隙而出、鮮乘機而回者。因罪孽如離心力、惟逼令外行、不使內向、苟大牧不爲尋覔、卽不能復還原處。從知凡作牧師者、遇有亡羊、終不可灰心、必爲尋之、既已尋得、並不責懲、亦不更逐、且不罪之以言、更不令他人帶回、惟如主人荷之以肩、負之而歸。此非指餘羊所在而言、蓋彼等並未外逃、仍以事　神爲心、但自謂不必悔改（7）、故仍在曠野中（4）。觀六七節之言、似主爲吾輩、啓天堂之門、令窺見天國、爲悔改之人何如喜樂。七節予告知爾等一句、雖未明言、亦能令衆知、主蓋自天來者。不然、不能言之如此之確也。

百三十二節

銀錢之喻（路15：8－10）。○此喻之意、畧與上同。所言之婦人、非以之比主、乃比教會、與會中任職者耳。牧人惟言予覔予羊、而婦人不言尋予之銀錢、蓋此銀錢、亦非己有、第曾經理於其手耳。牧者亦不任其咎、但云所失之羊而已。婦人則云、予所失落之銀錢云云、（見英文新譯因官話新譯不確）蓋銀錢不自失落、其失落之故、由人之不慎耳。又觀婦人燃燈尋之、燃燈者、言爲牧師者以　神之言、如燈照教會也。不寗惟是、又掃其室。（卽加大勉力）夫如是、勢必有礙於人（使17：5）、但人爲道心熱之時、他人之便否、皆所不顧、必燃燈掃室、而尋失落者也。惟第一喻、放失之羊、牧者必帶之家中、意猶收之入教。此處不言歸至家者、蓋

百三十三節

教會被失落者、覔得之後、遂復原處耳。此如迷失之教友、救而復之、復爲教友如初．教會待之如未失者同也。又觀天使（１０）與　神、旣爲一悔改之罪人而欣慰若此、然則吾輩之於教友、亦宜如此相待矣。貝那德有云、Bernard 罪人悔過之目淚、天使慶功之喜酒也．路得亦云、罪人悔改、天使輒爲歌讚　神頌、然則同類之人、不尤當如此耶。

蕩子之喻路加１５：１１－３２（此喻古稱四福音中之福音。所言二子、非謂猶太人、與異邦人、乃謂知過、及驕傲兩者之罪人也．蓋耶穌此言、非謂猶太人、不欲異邦人入教、乃言法利賽人、不欲稅吏等人、沾　神之恩惠耳。此（１２）節之原文、並無請字、見若據蕩子之理想、謂此等幸福、乃其父所欠於彼者。其欲離家、因欲自主、不受他人之約束也．彼既如此、其父卽分與之、因　神不强人事之、所願者欲人甘心事之耳。觀十三節所言、知此後未幾遂去．此亦定理、心既離　神、體卽從之．於此可見人之離　神、意雖猝更、亦非遽去、蓋漸去漸遠、迨已遠甚、乃寄居於他處耳．非附近之處、蓋不願逼近於　神、受其約束也。其恣意放蕩、耗盡所有、蓋藉明得之易者、失之亦速也。囊中金盡、適値阻飢、乃明遠離　神者、斯爲其收場也。於此亦見次子、心之執迷不悟、困窮至此、速歸可耳．乃仍思忍受、以待容有變更．然此仍有得救之望焉、蓋雖處此、人地不宜、自顧仍爲外人、不爲”其地一民“（１５）。此處論罪、有訓誨數則、蓋此子者、始也以罪爲僕、終而已爲罪奴•始也罪爲之陳設美酒、繼也俟其飲酒既𨡜、而更以次者、彼亦無奈、勉强而飲之矣•終復使之牧豕、觸猶太人之所深惡、然亦枉己爲之。此見魔鬼、第造謊言、業許亞當夏娃若食某樹之果、卽同於　神、迨既食之、竟同魔鬼。嘗許救生拜彼、卽以所有歸主、苟拜之而後、必一無所得、卽若此蕩子者、值飢餒時（16）、並粗糲之食、亦不與之也。於此亦見罪罰至公、蒙父之蔭庇、不欲盡子之職、必作奴僕於異鄉•不樂居父之家、必將旅寓外人之荒野•不願與兄同居、勢必與豕同遊•厭飽家中之珍饈、必甘食飼豕之皂莢。然後此幡然改圖者•因人方事魔鬼、心必不清、故其靈才、亦不善用。至其既悟、卽不如此、故憬然悟曰、傭人於我父之家、彼卽非因愛心而事之、然亦思與之同樂•此諸人者、一無所缺、予固其子、飢至不能復耐、吾盍返乎（18）。此知吾人雖犯大罪、苟知悔改、　神必赦之。觀十九節、可見人誠悔過、心必謙虛•苟不如此、必非誠意。二十節云”相距尙遙、父已望之•“意云　神在天堂、似有倚閭之望、望人旋返•有悔改心、待如不及、速立迎之、與之接吻•非第愛之而已、且有言歸於好之意焉。但　神雖恕之、罪人不能因此、而不認己罪也、蓋爲父之愛心所感、故悔之益深。子自爲不配（21）、然其父（22）堅不聞此、欲復其位、且同尋羊之牧者、邀其友人•尋獲銀錢之婦人、約其鄰舍、召至衆僕、與之同樂•蓋按人情而論、人當極樂之時、如泉水之源、從地湧出、不可抑止、人心之樂亦復如是。第二節所言之法利賽人見主接受罪人、甚不悅之、此與長子、逆惡之性同（25—27）。彼聞家中樂而奏樂、竟不以爲美事而至家同樂、反呼出其僕、詢家中有何情事。其慳吝之性、觀此及言語與狀況（28—30）、俱能顯出。蓋以其弟復歸、則父之產業、已將少得。其不知　神國之中、多得於此、無妨於彼之理。其無情之性、於論小弟之言、益爲顯著。其父及僕人皆云"爾之弟"。但彼不認、反云"爾之子"。其執拗之性、於此已見。復言予已多年未違爾命、不知當前言動、卽背父命。其長子雖名爲子、心猶奴隸、以爲作幾許之工、應得幾許之價、不知　神之所與、皆係恩賜也。

百三十四節

不義之家宰（路16：1—13）。○作家宰者、不忠主之事、則辭退其職事。又如人於臨終時、必唯主所命、罷黜其職。此喻中所寓之大訓也。但家宰未退之先、遂思善其後、顧慮周至、而主欲吾輩傚其見事之明、乘己未逝世、早作後圖、熟籌於離世之前、免貽悔於離世之後。此家宰所行、雖則不義、然明於市恩結納之事、使蒙其惠者、後此有以相報。主云、吾輩亦宜假以資財、聯通聲氣、日後此諸友者、始能善接吾儕以至永存之所耳。（非彼等自令吾儕得救、然可作吾人有愛心之據）　主稱此宰之明智、非稱其不公義、乃欲吾曹效其明哲、注意其善策焉耳。克勒芬云、此喻之大意、欲人賙濟朋友之急、俟至審判時、獲此效果。然耶穌教中、仍多有不服是理者。惟觀聖經所言（太19：21、使10：4、提前6：17—19、但4：27）、可知卽此一理、乃

百三十五節

聖經之訓誨焉．其理亦與馬太二十五：三十五至四十六同。言信心實有生活之能、能令人心、誠於恤人、似此行作、卽實有信心之據也。第於八節、主言世人、於此事有智若此、較諸明哲之子、尤爲聰慧、似有所難．蓋主言假茲不義之財、而行此等之事。若惟言假財、則不難解．惟云不義之財、則人易謬解之、言人無論如何生財、均非緊要．儻後此假以振興眞道、卽爲無罪。然此非主意、吾人宜思主之目前、多有手積不義之財、如撒該者．苟知此財、來自誰人、卽宜返璧．儻不知所自、已別無他術、祇假貧人權作原主、而償還之。十節之言、令人知吾等於此、是否亦有忠心、不在所償之多寡、唯在存心之如何。卽稍有不義之財、亦宜散之、用於恤人之事。於十一十二節、亦見若不盡職、分散世財、神亦不將天上之財、賜與吾儕也．而且於世苟無忠心、神爲令作眞財之家主哉。此喩結文（13）、言於此世有爾等之財、亦有吾與爾作主、惟爾不能兼事二主、若惟利是求、究必厭惡事神．如不愛財、反假以事神、如此家宰、卽備珍寶於天矣。

法利賽人譏主路16—14—18〇法利賽人、聞事神不能兼事瑪門之言、遂怒目揚眉爭訕笑之。所言者路加未載、惟觀主答言、知據彼思之、不必施財、乃爲善士。主曰、於神前爲善人與在人前、原爲二事、遂假富翁與拉撒路之喩、顯出其意。其一、在人前之富家、神前反若乞丐．其二、一無所有、人前之乞丐、在　神前竟成富家。富翁之待拉撒路者、卽法利賽人之待他人者、故爲主所惡、此喻使知、如此富翁之用財、爲　神所惡。未言此喻之先、因法利賽人常稱及先知與律書、爲其專操之事、故主（16）答之曰、律書及衆先知、抑豈非至要者、然至約翰時、而已止矣。自是而降、宜傳　神國之福音矣。如立厥志、努力從事、人人可入此國、不必僅有爾等也。又觀法利賽人、必言及律例、闕一不可。主（17）應之言無訛、一點一畫、悉無所闕、然則爾等出妻之事（18）、不犯第七誡耶。

百三十六節　富翁與拉撒路之喻路16：19—31。○此喻之設、雖概括上節要意、然其訓與前家宰之喻畧同。家宰之喻、自正面言之、言人宜善用其財、矜恤無告、此　神之所悅、人所當行者也。此喻自反面言之、言自奉若揮霍浪費、與人則慳吝爲懷、此不體人情、　神之所惡、人所當去者也。此喻似立於天者所言、非塵世之成見、故畧富家之姓氏、而留乞丐之名焉。從知在地、而聲名洋溢者、在天或寂寞無聞也。反是、則在地而無名可稱者、在天或輝騰名籙也。於富人、不言其死後之靈魂、祇言其生前之服飾。蓋當日之尊榮、衣衾棺椁之類、甚爲美麗也。至於拉撒路者、則不言其生時之殯歛、諒無此也。生時既置之門前、諒其既死、亦遂棄之郊外。惟言其靈魂、如何升天。拉撒路生時、所求於富家者、原自無多、止於拾取案底之棄餘、以果厥腹。彼時富人、視之若無睹者、蓋（21）拉撒路尚再思食也。比及死後、富人亦無多求、僅一點滴之水耳、然天報不爽、故一滴之水、亦不能得。生時富家、不以衣服、施與拉撒路、因有犬至、舐其所患之瘍。二人在地之別、奚啻天淵。及二人死後、亞伯拉罕曰、"爾享過爾之福、彼受過彼之苦矣"。其意蓋謂、當時爾享之福、若能稍分與之、則此時或可與爾分之耳。㈦此雖喻言、不能取以爲據、言天堂地獄、相距匪遙、特在言語相聞之際耳、然於此可得數意。一 可見未有煉獄所、且並無死後得救之望、蓋彼此之分界、未有能踰者也。亦見既至天堂、則永遠不能犯罪、因未有能由此地而至彼地者也。二 人在地獄中（27—30）、仍怨 神、未與以合宜得救之機。三 奇事（31）不能令人重生、惟能令人詫異、非 神藉此以重生吾人也、特備作眞理之據而已。

百三十七節

主末次警戒比里亞門徒（路17：1—10）○此諸節所言之大意（太18：6—7）、主之將去加利利也、已與彼處門徒言之矣、至將去比利亞時、則與此地門徒言之。其要端有四。一 不可無端開罪於弟兄。二 不可因弟兄有過、輒輕易罪之、此二端爲首四節之大意。三 當有信心不可疑惑。四 經歷一切、仍須謙卑、不可因有微功、遂起驕心、當以無能之人自視。縱能作之成功、仍如保羅居心謙虛、俟主命已休息、然後入而休焉。此二端乃後節之大意也。主言上端之後、門徒祈主增其信心、觀主答言、在主亦識其不易、有時如拔大木、然必信心足者、乃能如此也。

百三十八節

呼令拉撒路復活翰11：1－46。○參觀約翰十一：五十四及路加十七：十一可知路加所言、係主在末次入耶路撒冷時、約翰所言、乃係自比里亞特歸之時。蓋自修聖殿節後、祇有二次赴耶路撒冷也。主聞拉撒路歿、又逗留河東二日、後赴伯大尼、遂不復還此處。此一神蹟、除主一己復活外、惟此爲大.卽猶太人（45）、亦以爲未有大於此者、蓋屍已臭腐、使之復活、如此奇能、振古所未有也。此特提其要者、釋其意而已。（2）約翰福音、書出最晚、所稱之人、業已卽世、若不實指其人、人卽不知爲何一馬利亞矣、果爾非主所欲也（亦見可14：9）。（3）此新約初次錄及拉撒路之事也.述及之時、其姊若妹、並稱云、爲主所愛者.此見耶穌、與人往來之事、未錄於書者、不知凡幾。（4）、是非竟死、乃將藉以顯　神之榮耳.此非言拉撒路之不死、乃云如彼人者、可不爲死所縛耳。曰、爲　神之榮者、此見主之與　神、原爲一體、蓋其所爲、竟表主之大榮也。耶穌於此、亦未示知門徒、如何措辦、然其所言、已足感人生望。（5）、觀路加十：四十二、似馬利亞遠勝於馬大者.及觀本節、又似不然.馬大（27）之覆言、其蒙主悅納者、較多於馬利亞.或有感於路加十：四十二之言歟。或曰、主之愛之、至於如此、何爲令其心中、如是之愁苦乎.此第觀四十五節、可知所因吾輩雖受些須之辛苦、但能引得多人信主、卽甘心爲之、不必畏難苟安也。

○攷猶太舊俗、人死卽日殯出、主稽留彼處、已經兩日、又在途一日、比主來至時、拉撒路死已四日（1

7）此知報信者、登程之日、卽拉撒路謝世之辰也。耶穌既已行往耶路撒冷（見本卷百二十七節）此時相距、當非甚遠、既遣人寄信、必畧知主所在矣、從知主在外布道、大抵有往還之信息也。（7－10）若將近來二字、譯作現在、則更切近原文、前在耶路撒冷之事、彼時迄今、不過月餘、猶太諸人、怨心未已、故門徒云、猶太人今欲害爾。主之答言、大旨卽謂不必恐懼、爾等宜知白日行程、不憂傾跌、故予今時、亦無須慮此、因此時尚屬吾人之白晝也。第七節之語、亦見主與門徒、情誼之深厚、蓋此非詔命之語、乃商酌之言也。於第八節、可見主之所爲、人雖以爲愚、然較諸他人之術、每覺優勝、蓋使不去、必不獲此大益也。（11－14）、此處之稱死爲眠、此稱亦聖書中所雅言（申31：16。但12：2。使7：60併串珠）、主前（太9：24）已如此言之、故門徒不應誤會此言耳。又前已聞拉撒路之病、勢將瀕危、而主此稱之爲眠、是宜知所指矣。但（16）門徒甚恐、以至耶路撒冷、卽有性命之憂也。聞此眠字、絕妙解脫、猶云彼睡美甚、無庸更至彼處矣。○主（15）之所言、意與馬大（21）及馬利亞（32）言畧同、蓋以主若在此、其兄弟必不能死、主之所喜、乃以己去伯大尼得此良機、而堅門徒之信心也。多馬既首爲此言、有人云、耶穌所居、畧近加利利、彼得雅各約翰所由不先發言者、因己乘機乞假歸家一省也、然此說恐未必確、蓋觀約翰所記、甚爲詳細、其時諒亦同在也。觀多馬之言、似已失望、此乃性情之所致也（翰14：5、20：25）。

惟觀其所行、見不必因人膽怯、遂輕視之、蓋多馬仍思前往、不似他人之退怯．且後此功程頗多、其播道東方、蓋嘗較遠於他人云。於十九節、來唁者亦獲其益得見甚大之奇蹟．彼未至者、卽不得見、與五旬節事同。二十節之原文、係當前之語氣、其意非云已至、乃望之耳．自此可見方在道時、業已遣人窺候之矣。馬大（21）所言、雖似怨望、然（22）其心仍有所望．迨耶穌（23）言及復活、遂失所望、故主（25—26）復激發其信心焉、二節似相矛盾、抑知一言肉體之死、一乃言靈魂之死也。馬大因深信主、不遽答所問、第云：我知爾爲　神之子、“主遂以爲信心充足。觀馬大之言（28）知其與主所言者、書未盡錄、於馬大歸去卽呼馬利亞至、卽此亦見馬利亞、未聞主之已至也。姊妹兩人、知猶太人意欲害主、因（37）醫瞽者之事、尙介於懷也、故二人但低聲相告、以防人知。馬利亞似爲憂所勝（31—32）、不及馬大之饒有銳志者、於馬大出而迎主之時、無從之者可見矣．而馬利亞潛出、衆則隨之、思有以慰之、馬利亞行至主前、遂仆於地、觀其與馬大所言之相似、知數日之前、姊妹兩人、已切望主之速至矣。或云、此後歷時數分、卽救拉撒路復活、胡爲悲傷、遂至哭泣乎．註者於此、議論頗多、率謂發於惻隱之念、慈愛之情、見人哭泣、遂生此悲感、因而傷痛耳。當前之猶太人、視之皆以爲大有可取、蓋惟此愛心、其感人之力、爲不可限量也。至於三十七節、希文之首字、原係一但字、因所言之人、與上節所言、意見各殊也。其意蓋云、耶穌苟於己所愛、而不能救、將前此醫瞽之事、必有可疑矣。主已行至墓前、復恚於衷者、注者率云、因人爲罪所累之苦、今時近在目前、而然人因犯罪、遂至淪亡、此傷悼所由起也。主旣能起死回生、豈不能移此石、而啟之乎。然以此事諉諸人者、有數意焉。一使他人知、非耶穌與拉撒路同謀作僞、蓋其屍已臭、足以證也。二主雖代吾作所不能作者、而已所能作、必自作之、於此兼錄馬太之言、可知拉撒路之復活、信非欺世而盜名矣。卽觀其姊妹言彼已死、益見此非預定之計矣。三使知雖在信耶穌者亦懷如許之疑念也。四十節所記、前已言之、然未載其言於何時。意者當在寄囘信（4）之時、否則、在主初見馬太之時（21—27）。詳玩此節、耶穌蓋已預知、所將行者、故（41—42）其所爲感謝 神者、非爲拉撒路之復活、乃因 神佈置一切、俾己得藉作證據。證明在搆廬節、與修殿節所講、“予係 神所遣者、”大論題耳。使當時環觀者、不惟知己之由 神而來、並知己卽是 神、因（43）“神榮華之光輝、”所發之聲、一通壙穴、四日之中、業經停閉之脈絡、立卽跳動、呼吸久停之氣息、旋見暢通。耶穌所由揚聲高呼、喚令外出、此非恐彼之不得聞、乃欲聞之者、咸知由於 神之大能耳。於禱父時、耶穌未言我奉父命、命爾出墓。竟自居於能生死人之主、命之斯行之而已、此蓋初應（翰5：28—29）之預兆也。拉撒路初起之時、不能疾行、視物亦不能淸晰、由被殮衣之所縛耳。然雖面有裹巾、無礙舉足（4

白三十九節

４）言及裹面以帨、此足證其已死矣、不然、四日之內、將何以呼吸耶。耶穌固能為解所束之布、必倩人解之者、此蓋欲令目前之人、知此復活之人、委係拉撒路、無可疑議、必不能如論前時被醫之瞽者云、"似之耳。"因此（４５）、有如許人不得不信、其人之信心、是否係得救之信、不能決定、特不能不信耶穌、實為　神所遣耳。然其中（４６）不無如許區別、耶穌即前此數月在比里亞時所言（路１６：３１）者、是此類之人、有似魔鬼、明曉愈深、嫉恨愈甚也。

公會同謀害主、主避居以法蓮（翰１１：４７－５４）〇此信業為衆祭司及法利賽人所聞、宜知耶穌為　神、然蓄怨已深、見以下所行、仍以為依別西卜使。誠知為　神子、必不敢同謀加害也。第信者愈衆、彼等愈視為險途（４８）、蓋有衆皆將信之、奉之為王而叛、如此則羅馬兵必至、衆寡既已不敵、又羅馬兵至時、每不問罪之有無、概盡屠之、罹其害者、必自衆首領始矣。為此故嘗禁止衆人信從耶穌、遇有聽者、勒令出教、前時已用此法、不能抑制（４７）、故復擇一術焉、即該亞法（５０）所示者是、蓋此人之才、與其惡念、並遠勝於衆人也。遂責斥衆人之無知、建一議云、欲止羅馬之兵、非處死耶穌不可、此舊時以色列人最後之預言。偽祭司長預言、眞祭司長之死、因作預兆者、不欲遜位於其眞者、於是謀所以害之。觀五十一節、似凡為祭司長者、類皆能說預言、但以色列三百餘年間、絕少此事、且統觀舊約、祭司長之說預言者、絕無證據。然詳味此說、非謂爲祭司長、即能預言、蓋此輩業爲舉國之領袖、即可代表國人、而宣預言、其言亦非由彼等自行擬定。是時謀害耶穌、通國首領、皆同此心、特該亞法代施其令焉耳。然公會之中、不無主友、少亦二人、故預報於主、主遂避居以法蓮城。此城大抵在耶路撒冷東北、約六十里、蓋猶太省之曠野也（代下13：19）。至作惡者之發預言可觀民數記二十二章至二十四章

耶穌實錄講義　第六段　自搆廬節至主離以法蓮城　一百五十六

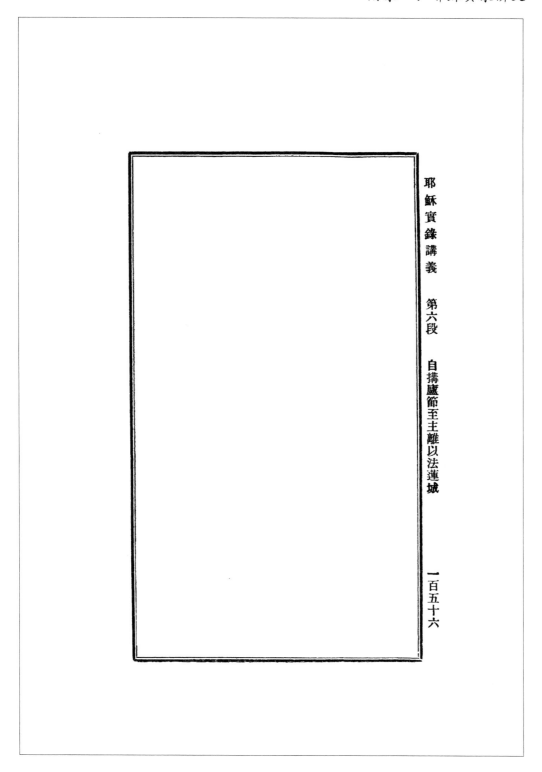

第七段　自主離以法蓮至末次入耶路撒冷（約歷時旬有五日）

百四十節 耶穌末次赴耶路撒冷路17:11。○由以法蓮之耶路撒冷、其正路宜行向西南、今主偕使徒而北行、何哉。有謂主欲與加利利、及比里亞兩處之門徒、合成一羣、以入耶路撒冷、藉成馬可（11:1—10）所錄之事者。然使主祇爲此事、固不必北行也、第前行而東至耶利哥東渡口、在彼候有同鄉之人、與之進城可耳。思其北行、有二故焉。一主知使徒自此以至五旬節後、將遇有多許情事、因先行而北、俾門徒得便、一至其家、佈置過節諸事。二又必如此、方得與所親愛同行以至耶路撒冷、蓋赴上河口、乃衆人最易相逢之處、冀在彼處、邀與同行（太27:55及串珠）如是則加利利如許信主之婦女、亦可從之、熟玩此上數節、知主末次赴耶路撒冷、必迂道經行撒馬利亞與加利利而東行之故矣。

百四十一節 醫十患癩者路17:12—19。○此村不知所在、然觀患疾之猶太人中、雜有撒馬利亞人、知彼此相距當非甚遠。復觀患病之人、俟主經過者、尚有如此之多、知主行將至此之信、業經廣傳。耶穌雖行有如許奇事（太4:23—24 9:35 14:14 35 15 30）然聖經共載僅三十有七、此三十七事中間、有重錄者焉、其特錄此數者、觀約翰二十:三十一可見。夫能醫愈癩疾、此主爲神子一大證據也。論癩所表、詳見本書五十三節。觀此十人之同處、知猶太人平時雖以撒馬利亞人爲不潔、然已既患此惡疾、則不潔者已莫此爲甚、前之所防、今與爲伍、罪之累人、卽此可見。主是時雖使往令祭司查驗、然彼等尚在未醫、豈能親詣殿所、故主言有似欺人．然其中已寓有應許、如云爾等能從吾所命、聽命之時、必得所求、藉其信心、必將獲之（14）。從見人成聖潔、匪可驟能、第聽從主言、待至新耶路撒冷時、必得痊愈矣。又此十人中其能至耶路撒冷者、九人而已．彼撒馬利亞人者、縱無癩疾、亦不同往．必赴其己族所立基利心山之殿矣。十人同行、旋卽分路．彼九人者、逕行而南．此一人者、獨向西南。在途自視身癩悉去、聽從良心、返而謝恩。彼九人者亦已蒙醫、惟彼此共議、遂不復還以感救恩耳。此見分內之事、不必謀及他人、宜行宜止、一聽良心而已。斯人爲感潔己之深恩、復邀逾格之重賜．彼飄然竟去之九人、惟獲肉體之痊愈而已、別無所得也。從識不知感恩、則有辜負之罪（羅1：21）、卽知感謝、仍屬分所當爲耳（西3：15末句）。

百四十二節

天國之降臨路17：20—37。○觀當時之情形、法利賽人此問、大都係屬誚主之言．意謂、爾嘗謂己必坐於大衛之寶座、爾國果何時降臨耶。觀於此間、見主宣揚天國、雖已三年有餘、彼等仍未識其用意。主答云”神國在爾中也、“蓋猶太人中、到處皆有主門徒也。彼等去後、主語其徒曰、此國之君、後必於世人方營俗務、不意見主之時、忽然臨至。又謂凡此祗知爲己之人（33）、必不得入此．且至彼時（34）（35）、雖同操一業之人、將必顯有意外之區別焉。三十七節末句、係一俗語、必先觀其如何用意、

百四十三節

而後釋之。猶云至末日時、世之罪人、以 神視之、幾如臭腐之屍。神之審判、專注於罪人、一如鷙鳥之叢集屍上。其取譬於鷹者、蓋取其猛鷙而有能也。此段之意關係重大、故主在耶路撒冷(太24:28)又以之訓其門徒焉

論出妻太19:3-12。可10:2-12。○馬太三節載法利賽人此次試主、有人解云、彼等言此、因是時主在希律境內、若有失言、希律必以待約翰者待之。然此亦屬未必、蓋約翰遇難之後、希律常不自安、知乎民怒其如此、不能仍蹈故轍矣。抑又思之、彼等此言、大率意主之言、必與摩西反對。數月之前、主在比里亞嘗因此惡俗深責之曰、出妻違犯律例。彼等以摩西嘗準其如此、故不服主之所言耳。論出妻之事、當時之猶太人意見亦自不同。其用意稍嚴者云、據定理而論、祇有一事、犯者可以出妻、然亦不可過於拘執。按其意見、似以申命記二十四章一節、非爲定律、無非準人之言耳。其用意稍寬者、則云不拘犯何咎過、皆可出之、如烹調失味、男子接談、並無生育、及樂於不善之習氣等事、俱足附與休書。甚有一啦吡云、若別見女子、較己妻尤爲美麗者、卽出己妻而更娶之、亦無不可。據主所言、婚姻之事、乃 神所爲、神所爲者、設其所犯、非爲馬太(5:32)所言之故、卽不宜出之。法利賽人以爲憑主此言、則無出妻之理、顯與摩西之律不符。故耶穌答曰、昔摩西之言此、特準人可以如此、非使人必須如此也。且所以準其如此者、非謂此行之已當乎理也、乃藉防惡之尤大於此者耳。出妻既非 神之本意、若人爲他故出

之、神必不以爲然。無論爲男爲女、儻再改配他人、卽爲違犯誡命之第七、蓋自　神視之、原本夫婦兩人故也。若爲馬太五：三十二所言之故而出妻、則無罪者自可再行結婚。至有罪之人、人人意見不同。按猶太律、則不能與同罪者再行聯婚也。主既如此言之、並其門徒亦甚難之、但此既係主之親命、故自昔迄今、教會皆奉此訓爲底典云。至馬太十一十二兩節、乃承上十節末句之意、言不娶非人所能爲。有不宜娶者、亦有如保羅之爲人求與天國、立志不娶者。苟能如此則可、須思己之能行與否、非第制之於外而已。苟徒制之於行事、而不能持之於存心、亦非能自守者也（哥前7：9）。

百四十四節

祈禱宜久而不倦路18：1—8。○此喻耶穌因何而設、經未言及、大抵爲防門徒之生疑也。門徒蓋嘗見多儌幸之罪人、有善人多被屈抑、而　神不爲伸雪、最易生疑、以爲　神不之理、祈禱無益。故耶穌爲設此喻、破其成見。此喻之合宜者二、一既係嫠婦、在東方諸國、類屬最弱之人、若率其婦女之恆性、則難與人同得公平之地位、卽保護之者、如民間之父母官、及會中之領袖、亦不知恤而保之（賽1：23。可12：40）。二此官又非常奸惡、大抵人雖有過、亦不能因而自誇、惟此人自誇云、不畏　神亦不禮人、然以如此之女子、遇如此之官員、竟蒙伸雪、况爲　神之子民、　神能不爲之復其仇哉。又思如此女者、彼所求之官、本無干涉、然官且爲理之、况　神最悅其選民、尤不能不聽之也。東方諸國、居官之循理而行者、大抵有三故焉、或因畏懼勢力、或爲貪慕賄賂、或希冀無事、而得享受安康、但此官在此所爲、當非第一二兩事、蓋勢力固爲此女所乏、賄賂亦非貧寒所有也、其所爲者乃第三事耳。此處譯作難爲二字之原文、有攻擊之意、官似以笑談置之、徉爲恐懼、其如此笑之、尤足見其絕無憐恤之心也、耶穌（6－7）明揭此喻之訓誨、言雖不義之官、若求之既久、尚終允所求、況公義如 神、既屢屢祈求、有若未聞、然遲速之間、必將爲其選民忽然伸之。八節之速字、玩七節之意、宜譯作忽字方合、八節末句、屢有謬解、非謂主再臨時、眞道將欲失傳、乃言主來之時、將有多人如哈巴谷一：十三十四云、幾欲不服 神之所命、遲行伸寃者、殆猶以色列人之於伊及、猶太人之於巴比倫、幾失所望、故佳音來至、如聽語夢中、未敢相信也（詩126：1）。

百四十五節

法利賽人同稅吏之喻路18：9－14。○此喻設於何時、未敢決定、然觀本段百四十二三節、大抵在法利賽人詰主時也。揣其情形、此一法利賽人、尙非世之惡人、諒所自言、卽其本來之梗概、稅吏所言、亦非過謙、概屬實言、耶穌之歸過法利賽人、非以其自詡也、乃爲其自滿耳。此人自負外行已足、設能撫躬自省、必改易其辭曰、予惟深感謝爾、我雖未勒索人、而貪婪之心、依然未泯、我雖未干犯姦淫、而不潔之念、仍未悉除、我雖十而捐一、然較大衞與尼希米相去仍覺遠甚、我之不似此稅吏、此亦爾之賜、非我之功也。惟爾有神、尙克相予以濟。如此禱之、可無大愆。彼乃自負、顯係非不知而誤犯之罪人、乃有罪而罔覺之罪人耳、此人之過者一也。又是人雖不自見其過、第竭其目力、能燭人之過。此主之所禁也（太7：1—5）。凡人宜知、若與人相較、而爲善人、則世之善人、不勝枚舉。且宜思拋土以擲人者、己手亦必不潔、是此人之過者二也。此人似覺人之能爲善者、抑知人生爲善之力、非出於己、乃得之於 神。人自恃己力、譬坐火車者、背車之向而返行、勢必愈行愈遠於所向矣、是此人之過者三也。由此上三條、知彼之不能得如稅吏、克稱爲義者、以稅吏之尙能自覺、而知認己罪耳。此等人之蒙赦、亦舊約之例（利26：40—42 詩32：5。耶3：12—13。36：3）。稅吏亦不推諉、愈認愈覺難堪、此竭力認過、亦爲 神所悅（詩34：18。51：17。138：6。145：18。賽57：15。66：2）。論此喻之要理、見人苟己與己罪分別而認過、 神亦必分別而辨之、蓋拯此負罪之人、賴有代人受罰之基督、人若匿罪於心、不認己過、 神必禍之、罰罪於人之本身矣。十四節乃論事在 神前如何、非言稅吏之自視自覺其罪之如何也。前所言之法利賽人、在殿內既自鳴得意、諒其至家、亦必如此。稅吏歸時、內心之如何自責、爲厚爲薄、人不及知。然無問其自省之如何、要者、惟在罪之得赦、此乃喻之要訓也。蓋欲人知、苟能痛自悔罪、認過 神前、無論內心有如何之覺悔、罪必悉蒙赦宥矣。

百四十六節

與嬰兒祝福太19:13—15。可10:13—16。路18:15—17。○於馬可十七節、見此事苟非室內、卽當主行止小憩之時。於孩母之行、知耶穌歷行民間、仁慈和平之性、藹然可親、以故民中之爲母者、皆能抱持其子、親詣其前。未知當時男子、其視耶穌如何、至此等婦女、知已深相悅服、思得主祝福於其孩提。但門徒淺見、與耶穌不同、以爲婦女猥褻、如此近主、非所以敬重大啦吡也、故阻止之。耶穌不惟不欲其阻之、且因而怒之。原文此處之怒字主祇用一次欲明其義可觀馬太20:24。21:15。26:8。路加13:14 繼復訓之、謂人必有孩提之謙虛、依主之性情、始能得享天國之樂耳。譯作祝福二字之原文、非祇云祝福、秉有懇切之意、用於新約中者、止此一次。觀主於孩提之愛心、何其大歟。

百四十七節

富貴之少年太19:16—20:16。可10:17—31。路18:18—30。○馬太福音、於此章之首節、宜有視哉二字、漢文多譯脫此二字 以富貴中人、平時無信主者、故云視哉、於此有人焉、嘗置身仕宦、竟爾求明眞理。旣有此等之善心、耶穌故悅而愛之。但其所言、不無語病、凡祇以 神爲良善、而不信耶穌爲 神者、卽不宜向主輕用此稱。旣以如何而行卽能得救、問於耶穌、耶穌遂爲指明諸誡。但自言諸誡、業已能守、而內心猶有所憾、故祈主告以成功之所在。如人之有病不知患處、求醫爲之指明者同。耶穌因爲國手、鍼砭一施、病源立見。卽告之曰、悉鬻所有、以濟貧人、如此以守第二誡。又再至此而從我、以守第一誡焉。少年聞是、頓悟前此自詡之言、皆成虛妄、明係未能愛人如己、雖稱耶穌爲良善之夫子、更別有聽命之夫子焉、匪他瑪門是也。耶穌所言、非謂棄置一切、方爲從主、乃謂人勿愛財、過於愛人、不然、不謂能從主也。夫必有此心、始入天國、然則有財之人、求入天國不誠難乎。門徒聞此、以爲在己雖非巨富、亦半屬小康、故因而作難、蓋未有不私其所有者也、聆所陳之品評、遂以布道爲難事。耶穌識之、卽明以語彼、雖有顧惜之私心、亦能相勝而得救、耶穌此舉、必顯有特別之愛心。蓋馬太馬可皆特記之。彼得蓋誤會之、於（可26）將欲絕望之時、忽轉念曰、主歟、如我輩者、卽主所言之人也、我等於主（28）之所命、已盡行之、立顯其心如僕人然、思欲與主講明其價値焉。觀主答言、大意有二、一祗爲十二使徒言之（太28）、許賜以非常之能力、此言驗於主升天後、惟所言不能皆驗於彼時耳。二爲衆門徒言之（太29—30。可29—31。路29—30）於馬太云、爲"我之名"、馬可云、爲"我與福音"、路加言、爲"神之國"、足見福音所記、不必處處皆爲主所親言、特錄其大意而已。所許之福有二、一今世之所得、必百倍於前之所有（可30）、大意略同、馬太十二：五十、路加八：二十一、謂必得何等之親屬、何等之田產、恐門徒誤聽而生其後悔、因繼言且有逼迫也。二言來世之福、然此福者（太30）並不依常人之見識、而定其優劣也。主欲伸明此節之意、因設葡萄園作工之喻（太20：1—16）、藉明其義。詳觀此

喻、非謂凡在後者、必將在前•第云彼在後者、或反能在前耳。欲人知天堂之位置、不皆按在世功之多寡、
惟視乎箇人存心之奚如。如年登耄耋、始聽福音、苟愛心充足、能一心相信、感謝主恩、如此者自必在前•
若幼時卽聞福音、行同前人、亦必在前。苟有人焉冲幼已聆福音、而畢世營謀、惟利是視、如此人者、必將
在後矣。至言主翁傍晚出募者、並非需人孔亟、乃恤人之終日閒暇、無人招募也。

百四十八節

耶穌第三次預言己之將終 太20：17—19。可10：32—34。路18：31—34。〇此三次預言、
蓋距耶路撒冷尚遠、以章中末言將近耶路撒冷而言行往耶路撒冷也。主已明燭萬事、又知門徒此次
進京、思得繁華之心、較前尤勝、易於受惑、故預告以於耶路撒冷將有如何之結局•此事較前（9：31、3
2）更爲詳細、乃云交之何人之手、且如何待之。觀馬可所記、知主未言之先、衆門徒窺其舉止、迥異平時、
按原文此節、宜譯作”彼等於途中、行往耶路撒冷、耶穌行於前、彼等異之、從者懼焉。“此處有解之者、
觀此節末句云、似在後相從之人、有因此而不前行者•卽前行者、亦恐懼不前。此主離耶路撒冷而避
居於以法蓮城、其故門徒悉知、亦知復進耶路撒冷、必遇大險•又見主引路於前、意甚急遽、遂衷懷恐懼、
因主之情勢、殆有不可形容者、恍惚其身、落有十字架之影然。耶穌見門徒如此恐懼（太17）、遂暗
召至十二使徒、向彼言明、己將如何而卒•但路加云、衆徒皆未明悉。竊思使徒從主、今已三年、已親覩所

百四十九節

顯各種之大能、又遇活拉撒路一大奇事、雖他門徒、心懷恐懼、其十二使徒、意主必不被人拘獲、且必不將己身、付之人手。旁觀雅各約翰、乘機而求大臣之位、復見其餘使徒、憤兩人之所爲、顯見使徒意中、謂主行將獲勝、立國於世矣。又思主在世之末夜、與十二使徒、同席共話時、使徒仍相率而爭相臣之位。從知其心、常存主必獲勝之意矣。此既在主明告之後、見恐懼之門徒、並非合十二使徒而言之矣。且意所言、僅屬借譬之語、依彼等之見、主卽不幸、亦止受大難而已、終必能獲全勝、戰敗衆敵也。

雅各約翰要主畀以高位（太20：20—28。可10：35—45。）○主愈行近耶路撒冷、陰暗之權愈熾、魔鬼斗膽、近依主所親暱、欲使之傾跌、雖在主將有急難時、尙令使徒結黨而紛爭也。觀約翰雅各兩人之爲門徒、一則熱心爲主、不欲主爲人凌辱。（見於其欲籲撒馬利亞人）一則事必親行、凡不與己同班、卽不允其行使徒之事。（見於其禁人不許奉主名逐鬼）彼既夙有此心、此時雖甚服主、故仍有利己之念。觀其母之與彼偕來、見此家於此信心甚大。主雖言有如許之患難、彼二人者並不退縮、反思主必獲勝、斷可識己。詳思二人此時所以前來、有二故焉。一因思所言之國、指日可立、先有成言、必先受其福。二因主數日前（太19：28）嘗言十二使徒、必坐於寶座、以判十二支派、但諸支派中、大小懸殊、故二人之意、以爲判諸支派之大者爲佳、然思得此權、莫如預言之也。耶穌曰、“爾所求者、爾不知也。”意蓋云、雖有所知、亦屬無幾、所有大難、概未知也。縱能同主受茲大難、然列居左右之賞、亦不恣人奪之、　神爲誰備之、誰必得之。馬太此二十三節、勿按單節解之、宜合二十六至二十八節而併解之、從知　神之安排已定、嚋同耶穌、卽能獲此大位也。“非我得賜”一句、非云　神猶駕耶穌而上之、成爲判主之主也。乃云我不得乘便而與之、必視其是否當理耳。至所言“我飲之杯爾亦必飲之、”此言固應於雅各之身、然如約翰之善終者、亦可謂主之杯乎。答之曰、此杯非第指死而言、兼指爲救人之道、所受一切之苦而言之也。果爾、則約翰所飲、尙多於雅各矣。觀原文譯作惱怒二字、乃極其惱怒之意。知其餘十使徒、聞知此事、意殊怏怏、非以雅各約翰兩人之居、不良於彼也、第以如此而行、有似私圖己便也。耶穌於此、見有大起紛爭之勢、遂召至己旁而告之曰、凡此國之有權者、必如何爲人始可云（可42—44）。

百五十節

主詣撒該家　路19：1—10。○數日前、耶穌已言擁厚貲者、難入天國矣。然雖如此之難、究非絕不能之事、蓋　神恩能勝諸難、於此遂以一據、與其門徒焉。撒該之喜邇貨財、於甘歛衆怨、積此厚貲見之。味所自言、亦不敢言凡不義之財、概未嘗取。然於主甫至時、欣然輸出其半、此外詭詐所得、四倍償還、此見其心、因愛主而一變矣。其欲見耶穌、與希律不同（路23：8）、乃如此後數日之希利尼人（翰12：21）、非欲觀其人之奚如、乃欲觀其爲誰人也。第以人衆之故、不得近前、故雖係富翁、亦不顧體統、速奔至前、升樹候之。（此樹非桑乃一種無花果樹也）其意惟思得一見主、而不意爲主所見也。但主既於樹下、而遙見拏但業、亦復能於樹上而見撒該。意在是時、並無告以樹上之人係何名者、惟主（翰10：3）既識己之羊、卽呼羊之名。命撒該之言、微有責之之意、謂宜逕至己前、列入門徒之班可耳、奚必如此耶。然雖微責之、他人聞此、未必遂會其意、因主繼言"今日我將寓爾家"也。四福音中、前此未記有主自稱至某家者。今爲此言、見主自知己如王於撒該之心中、故語之之言、亦如王者然。撒該爲主言所動、遂自樹而下、儼熟果之自落者。維時兩人、蓋各得其所喜、云其一因羊得見其牧者、其二因牧者已尋獲其羊。觀衆人之言、知主至耶利哥時、天色已暮。雖僅費六時、卽可至耶路撒冷、而當日已不得前行、衆皆耳語而私議之、以主前嘗食於稅吏之家、今復寓居罪人之家也。猶太古傳云、耶利哥城者、祭司之所居。此處之祭司、幾與耶路撒冷等、多宿於祭司之家、不亦可乎。此知主心、與凡人殊、眞道在撒該之心、有如將熄之火、彼而人者、將欲滅之。主之來世、以救世也、故恤之焉。撒該於此、與前此設席、邀主之西門、迥乎不同（路7：36）、蓋西門以主因彼而得榮、非彼因主而得榮、故未蒙主祝福。今撒該知己所蒙、均係恩惠、故主因與之恩上加恩也。猶太人雖宴客時、外人亦可從後觀覽、撒該此際、覺感恩靡既、遂在衆前立起（8）、以表主之恩惠、非可徒受。觀其言、知所得不義之財、本不及其業全數之半。不爾、當必先行償淸、再取其餘之牛、以施周濟矣。雖仍有不義之財、蓋難言些须全無、猶大河浩森、其中不無雜入之濁流也。所言之是非、本律例之定章(出22:1)、亦係大衞所擬定償還之例之定數也(撒下12:6)。自第九節所錄主言、雖則向撒該言之、亦爲衆人言之、以其不以梲吏等人爲眞以色列人也。若由主視之則不然、凡有信而結美果者、卽明係爲亞伯拉罕之子。撒該二字譯漢文卽義人耳按主所言其人實稱是名 首一日時、衆嘗怨主寓居撒該之家、故於此(10)、主遂言明其所以寓此、而不宿他處之故焉。

百五十一節

世子之喻路19:11—28。○觀本章十一節、與二十八節、知撒該感謝主恩時、在次日清早、因十一節所記、正言之時、主添設一喻、喻言畢之後、遂行往耶路撒冷也。於主之二次引路於前、以往耶路撒冷、知其心甚爲急迫、欲畢其在世之功矣。此喻與馬太二十五章十四至三十節類同、特不同時耳、蓋其中情形、與設喻之原因、悉不同也。此喻兼示使徒、使知雖復行往耶路撒冷、非思欲立國、乃猶將適遐方、而預曉之、使知自此別後、宜何行而可、如藉主公分之資本、卽指福音言之作忠心勤苦之僕、俟世子返時、視各人之勤勞、而賞賜之、且致罰於惰而無用者耳。此喻並爲心已向主、尙未立志之門徒言之。此輩儻至耶路撒冷、見主忍受慘形、至易隨附、不敢認以爲主也。此喻所以易明、因當時所封之王、未卽位時、必至羅馬得位而歸、然後踐其位而治其國焉。然則待至主得立爲君於 神、返登大位之時、諸凡不認已者、刑所必

百五十二節

及矣。

行近耶利哥復醫瞽者太20：29—34。可10：46—52。路18：35—43。〇論此一奇事、蓋有兩難、一在其地一在其人。在其地者、馬太馬可並云其地在主將出城門之處．惟路加云在近城處。率謂路加之言、蓋指將入耶利哥之地而言、惟然、故所錄與前兩福音並殊、乃立有多說以解之。但此處譯作將近字之原文、或作爲將近之意、亦或爲相近之意．故第按路加所言、不能定其地之確在何處也．惟觀馬太馬可所記、知此蓋已出而與城尙近、非欲入而將近於城也。或曰如此解之、與事之序、有所不符、因路加於此事後、始列撒該一事、主之醫瞽、若係在離耶利哥時、則路加之序、顯有顚倒。但路加書中、次序之倒置、非止此一次而已、宜知路加著此、無非將以記主、在耶利哥之事耳、非記在彼地時、行作之次序也。在其人者、馬太言有兩人、馬可及路加謂祇有一人。此與於加大拉所記患鬼之人類似．見七十八節兩福音之祇記一人者、因此瞽人、衆多識之、並多知其名、係爲巴底買焉．其二必爲衆所不識．馬太嘗目睹之、故亦言有二人也。觀兩瞽者之稱主名、知已認之爲彌賽亞．衆之責之、非緣此也、是時從者皆深服主第以二乞食者、號呼道左、有失尊敬、乃衆愈禁之．兩人籲呼愈力、迨主已止、衆亦回心而嚮之矣。昔輿革司聽嘗論此曰、"人誠心從主、其阻抑之者、非必悉爲教外也．即教內亦有之。苟己能度外置之、勇果直前、迨得

百五十三節

神悅納、衆意卽必轉回。先時目之爲狂人、後或竟稱爲聖哲矣。“再觀巴底買、恐爲衆所阻、擲衣急奔而至主前、亦爲吾等之先導焉。凡業爲主所選召者、勿更爲世務所縛（腓3：7。太13：22）。觀主之言（太32）、見主甚欲助此受難之人、並示我輩於祈禱時、宜明言心內之所求也。觀兩人之從主、他人亦因之而榮 神、從知所受之恩、有非徒然者也。

耶穌於伯大尼（約11：55—12：1、9—11。）○耶穌於逾越節前之六日、與同人至、是時先至者、已有多人。平時遠方客旅、他時不便舉行潔禮、故過節時、類皆早臨數日、備行諸禮、因此禮若不於節前行之、則不能同坐逾越節席也。爲此故先期而至、不待過節、先行諸禮（55）。觀衆人之彼此互問、知當是時、舉國之人、已爲耶穌所傾動。衆亦翹首引領、以待其至。因前兩節期、耶穌嘗明言已爲 神子。此時若竟不至、似不敢膺是稱。大祭司與法利賽人、亦度耶穌將繼至、依其先見、不如乘其未至聖殿、尋至寓所而拘之。乃主於節前六日、卽已明來、城內人等、旋卽聞知、因來往之衆、多見之者（12：9）。如此則暗中往執、已無可乘之機。欲逕行拘獲、又恐致百姓之亂。耶穌如此明來、頗不適於彼等之奸謀、因（11）來觀之猶太人、多相信者。明執之計、既未如願、彼祭司長、又未有他術、禁人相信、乃謀並害拉撒路焉。於此可見以色列選民、墜落至此。雖教會之牧師、獻祭聖殿中者、尚彼此共謀、欲害 神所復活、無辜之善人也。

百五十四節

耶穌赴席伯大尼（太26:6—13。可14:3—9。翰12:2—8。）○據約翰云、耶穌於節前六日、至伯大尼、然來至之日、或與節之首日、是否併計在內、二者多有議論、大抵註合參者、將主來至伯大尼之日、併計於六日之內、而不列節之首日、於其中也。按利未記二十三：五食羔羊之日、在十四日晚、設此日爲逾越節、即不在約翰所言六日之內、是則此前六日、主至伯大尼、當在正月初八日也。若是年之正月十四、係爲拜四、則主之至伯大尼也、當爲前星期五、若十四係爲拜五、（即猶太之拜六）則主之至、乃在拜六矣。（即猶太人之安息日）但自耶利哥至伯大尼、計約四十五里、較猶太人可行城外之路、遠有二十倍、主既遵守律法、必不違犯安息、行此長道、此知主至伯大尼、蓋在拜五之午正耳。既至於此、而不遂入城者、因是處並無外人、惟愛主者居之、且得於閒曠之後、一斟酌其未畢之功程也。或觀於馬太二十六：一至四、與馬可十四：十二、以爲此席之設、在主被賣前、不過二日、又謂約翰記書本無次序、然細觀之、無次序者、惟馬太馬可而已、彼兩福音、所以獨無次序者、惟欲將猶大賣主之原因、與賣主之情事、並列之耳。主來既在拜五、則赴席應爲拜六、一則當日來至、時甚倉猝、席中各事、急未能備、一則猶太常規、席設每當天晚、赴席者類然、大抵猶大賣主、當係拜二晚間、是則尋機已逾二日、兩日之間、曾不覺悟、見其罪之彌重矣。所稱患癩之西門、聖經未嘗言及、有古傳云、係拉撒路之父者、按此說亦未可憑、因約翰已云、拉撒路時方作客

百五十五節

也。又有古傳、謂係馬大之父者、此說蓋由約翰所記、馬大侍席之事而起。抑知是席之設、若在伯大尼、則此席原係門徒所備者、則席雖設於鄰家、亦可聽其侍席也。是則患癩之西門、大抵爲主所潔淨之一也。即拉撒路之二妹、既於數月之前、蒙主洪恩、遂各率其本性、以表其感恩之心、故馬大侍席、而馬利亞跪於耶穌之足前云。觀本書六十八節、知此處所言之馬利亞、與在法利賽人西門之家、以香膏澆主之罪女、原非一人。而天主教中、謂仍係一人者、蓋事經昔人論定、後遂守之而不變耳。馬利亞此舉、用意是否爲主安葬而設、不能必定。諒彼家既逼近耶路撒冷、主所將遇之難、當已得之風聞(翰11:57)。於此(翰4)、益見猶大貪財之惡焉、其代發不平、非惜馬利亞之捐有多金、乃因彼不循常例(翰6)而捐納。則不親經其手、無由乘機而竊取、故外託光明之言論、與磊落之胸襟、以濟其內心之惡念焉。甚至被選之門徒(可4)、亦間有爲其所惑者、而餘人無論已。○論此事之大道、乃示吾等知人如清心爲主、雖不合吾人之常見、若所費係出本人之手、我等應聽其盡愛主之心、切勿阻之。如此女者、雖去今已遠、然膏味之馨香、蓋猶充溢於教會中也。

附論猶太國之量數○四橫指爲一掌、三掌爲咫、二咫爲肘、六肘爲步、兩千肘爲安息日之程數。其數所以爲兩千肘者、(民數記三十五:五、)每一利未城、周圍皆有地闊二千肘、悉屬此城。彼謂二千肘以內之地、行路者以此界爲限、不得踰越、其界內雖盤旋行之、則無所妨矣。二　涉約但河時（書3：4）、神命約櫃、在全軍之先行、相距兩千肘之遠、故猶太人意此二千肘、宜爲帳幕與人室之距、惟安息日、人須至帳幕禮拜、故此二千肘之遙、爲安息內可行之程數、若按此數行之、自無過矣。

百五十六節

第八段　自主入耶路撒冷至其升天計四十有六日

禮拜日此段所言之日數皆依基督敎排定之星期若過他項日數必明提之

耶穌入耶路撒冷太21：1—11。可11：1—10。路19：29—44。翰12：12—19。○首三福音、所稱之伯法其、其疆域無從攷定、按希伯來古傳云、在耶路撒冷城內、又有謂在城外者。玩此言諒係地名、因過節寄宿之便、雖在城外、猶在城內也。其地有馬太二節所言之村莊、大都與地同名。村之坐落、未審所在、諒附近經伯大尼而往耶利哥之通衢、按上文推之、主至此地時、約拜五午正。拜六安息於此、且坐席焉。禮拜之期、遂與十二使徒、去伯大尼、步行而至伯法其、界遣二門徒、進入村中、牽至驢駒焉。所牽至者、既係驢與其駒、故有謂主所騎、係一牝驢者。及觀馬可路加、並明言係一驢駒、爲未經人乘者。此正宜於主之爲神、蓋獻　神之物、必未經人用者也（民19：2。申21：3）。此驢之主人、其聽人牽驢以去、非必因其爲主門徒而然、蓋彼與拉撒路爲鄰、耶穌爲其鄰所行之奇事、衆所共知、且主屢屢來此、鄰人多識之者。耶穌當日將入城時、相從而同來自加利利者、蓋已知之、故（翰12）有如許過節之人、出而相迎焉。卽彼不知主之已至者、聞此已備驢駒接主之信、亦必出而迎之入城。主同來之門徒、以衣代鞍、扶主乘之、無如主之所爲（翰14）、乃驗舊約（亞9：9）之預言、惜門徒是時、未能卽曉。及見有衆、同聲諠呼啣噉哪、且衆人持椶枝布之於路而迎之、門徒心中、立被感動、歸榮於主。旋駕迎者欽佩之心而上之、取己衣布之途中、且有秉持樹枝、遮路而前、爲主備尊榮之道而迎之者（翰13）、亦羣呼啣噉哪。門徒見而樂甚（路38）、乃大聲疾呼而頌主、其聲比衆聲特高一級。所頌之言、與天使頌主誕生之言畧同。及迎者送者、對面相遇、迎者遂轉行在前、護送入城。愈近城人聚愈多、甚至法利賽人以爲、凡來過節之人、悉數歸與耶穌焉。觀其言（翰19）云“爾謀一無所濟、舉世皆從之”矣。其懊喪之意、於此可見。此猶同謀之人、事敗之際、彼此發有怨言者同。參觀馬太九節、與路加三十七節、知門徒頌主之始、自降於橄欖山下至山麓時。於此地人始望見郇山、卽大衛爲王故宮所在之處。然尙未能見聖殿所在之摩利亞山也。有衆已歡欣如此、法利賽人大怒之、然亦無可如何、蓄忿求洩、乃請於所疾惡之主、俾自責其愛己之門徒焉。衆人如此頌主、新約初未載主曾否心動、惟一聞所請之言、遂爾勃發其義怒、乃言曰“此輩若緘默、諸石將呼矣。”主之此言、日後果驗。蓋此後崩裂之磐石、卽無聲可聞、今尙報告於衆前、在大衛之子、已親行至時、反見棄於己民也。自此循坡前行、未幾至一小崗、隱蔽城垣、既登崗上、忽覩有城在前。大抵此處、卽耶穌哭處。蓋（路41）主見城卽爲之哀哭。其哭也、非無聲而暗泣也、乃如在拉撒路墓前之時、號咷痛哭、如人爲所最愛者痛哭然。觀主所言、似有四城、接列目前。一卽當時最美麗之城。二卽此三十年後、爲土壘所圍之城。三卽爲敵兵所攻破之城、街衢多染有血跡、男女屍骸、各處狼藉。四卽後此無一石累於石上之荒城。皆因不知關乎平安之事、而被毀滅也。衆人自此進城、舉城（一太10）皆爲聳動。惟耶路撒冷城中居民、漠不關心、止於詰爲誰人而已。有衆（卽由加利利來此過節之人）卽應之曰、此加利利之拏撒勒人、先知耶穌也。詳觀此言、見加利利地之人情、悉行露出、以平素衆所藐視之區（翰7：52）、今乃起有大先知焉。其言實自詡也。

百五十七節 **耶穌入聖殿** 可11：11。○耶穌入殿、此以色列民、一絕大之良機也、蓋此乃其人之王、依照預言、升御寶殿之期、不數覯者也。使彼等當日（路19：42）知善待之、後此之景況、當必有霄壤之別。無乃上流之人、既不善待之、故主祇環顧其中、而竟退耳。及日暮時、其地犧牲之貿易、大都已止、販鬻獻祭之物者、已移運而出。然　神殿之淪爲賊窟、仍自盤據堂陛間也。若第覯馬太（21：12）似主於首日、已行潔除聖殿者、然攷之馬可、知此乃次日之事。耶穌此入、乃按律所定（出12：3—6）、爲選逾越節羔羊之日。主之見棄於官員、猶被立而爲　神之羔羊也。及天已暮、主與十二使徒、（中有一尋機者）回至伯大尼宿。此最後之六夜（可19）、日日皆然、此時接之爲客、乃愛主之人所獨獲之福也。

百五十八節 **論民情之猝變**○拜日有衆既迎耶穌、奉之爲王矣、後甫五日、竟聽憑彼地官長、釘死於十字架、民志之變、似不應如此之速者。及靜思此事、亦豈偶然。一耶路撒冷之居民、業與主爲敵、前時歡迎之者、皆守節之羇旅、而非本城之居民也。二守節之衆民、雖異常歡喜、甚至足令法利賽人不敢肆其强暴、似其勢力亦有爲所傾動者、然而相從之衆、多係烏合之鄉民、並無首領以統馭之、故甚畏官長與方伯也。三其中亦多心無定向之人、從風而靡、如牆草然、四主之被執、時方夜半、未及黎明、已定死罪、九句鐘時、旋見付羅馬兵之手。其衆門徒、必黎明之後、始能聞之。雖則聞之、然中心迷罔、有若被擊而暈、不知何行而可。惟彼敵人、久已備妥、敢作僞證、呼"釋巴拉巴"、"且咸呼"釘十字架"。惟時耶穌門徒、雖不乏人、然其出身、僅捕漁爲業之諸等鄉民而已、傾刻之間、遇此驚怖、猝不及檢、蓋所不免耳。

禮拜一

百五十九節

詛枯無花果樹 太21:18-19 可11:12-14。〇主之未食而即離伯大尼、未詳所以、祇知在途時、飢而思食、尋至此樹、見其葉茂而密、以爲上當有果、因聖地之無花果樹、類先有實、後葉繼生、Edersheim Vol II p 374 果不待熟而已可食。又有謂去年之果、有經冬而猶存於樹者、茲不具論。第主之覓果而食、是葉甚茂盛、謂樹葉如此、其果當繁、乃至而尋之、迄無所得、譬之猶太教會、外具壯觀之貌、而中鮮生命之實也。於馬太馬可、衆復見此樹時、業已枯乾、乃門徒必至次日、始克埋之。此與猶太教會、被詛類同、未

百六十節

能卽時見及、必歷數十年後、始見其萎敗、被神棄置也。
主再潔除聖殿太21:12—17。可11:15—18。路19:45—48。○觀上卷四十節、見主前之潔
聖殿、蓋示儆以訓於衆也。今之復爲此舉、未幾卽備當日宣講之處、使衆共見耶和華之聖殿、若得其正
用、其美爲何如。又使衆知主若爲其王、卽天國一日在世、其福樂爲何如也。首次惟見錄於約翰、餘三福
音概未之載、因彼錄耶穌之功、皆以加利利爲起點、首次潔除聖殿、尙在彼所託始之先也。約翰亦畧其
第二次者、因與其此後數日之所錄、所有之目的無關也。Edersheim Vol II p.?78. footnote 約翰既舍此
而錄彼、三福音者又皆遺彼而取此、其事雖同、究非一事、因時與結局、皆不相同也。前此官長不服之心、
見於其求示異蹟、爲主有大權之據。至第二次時、三載宿忿、鬱極求洩、一聞主言、殆猶誤觸被擊之蜂房
然。然雖蓄憾如是、仍畏懼衆人、難於先發、因是時聽道之人(可1、8路48)皆壹意聽受、而以爲奇人
也。迨聖殿已潔、耶穌卽爲之主、作爲出言立行之所。時宣昌言、以誨衆人。時布慈心、以醫病者。甚至殿中
之赤子、覩彼蒙醫之多人、轉愁苦而頓成愉快、並瞻擕己之父母、心聳動而顏若驚奇、於是喜不自勝、揚
聲頌主(詩8:2)。法利賽人及各官、見舊約預言、悉歸主身、有如雨注、宜相信矣。但彼等眼簾、悉爲嫉怨
之心所蔽、其中實情、毫末不能見及。迨至晚間、耶穌既在殿中、談道醫病、勞頓終日、故復回至伯大尼焉。

耶穌實錄講義　第八段　自主入耶路撒冷至其升天　一百七十九

路加21:37·38言每夜必赴橄欖山。馬可11:19言每及暮耶穌出城
馬太21:17言主當日止宿於伯大尼然則伯大尼之坐落可推知矣

禮拜二

百六十一節　無花果樹之枯槁太21:20—22.可11:20—25○拜一晚間歸宿寓所時、樹已枯槁、而門徒未之理及者、諒由天色已晚之故。次日之晨、瞥見此樹、遂相率驚駭主之大能。此知從主三年、雖復以止弭地震風浪爲足奇、不知妙能在主微語聲中。主於是時、遂乘其奇異之本心、訓以奇事所自出云、"若爾儕有信、可作成極大之事、"即人以爲不能作者(如十二漁人能以道獲勝於天下)亦能作之也。拔出一句、乃猶太人沿用之俗語、所藉以表示難能之義者。主遂藉示門徒、謂　神之第二大戒、與祈禱煞有關繫、必有信心、而能愛人、所求始蒙允準。(可25)。味此語之意、知教友祈禱之時、宜如置身空中、一手高舉、一手下垂、於　神有所受之恩、遂即授之於衆也。

百六十二節　衆首祭司及長老阻主於殿講道附二子之喻太21:23—32.可11:27—33.路20:1—8。○文士等於拜一之日、爲主所責、無辭以對、經宿之後、遂酌定一法、於拜二耶穌進殿講道時、詰之云、"誰賜爾此權、"此言在主與前次潔除聖殿時(翰2:18)、所言稍殊。爾是彼等詢主云、"爾既爲此、則以何異蹟示我。"及至是時、不復依前相問、因三載之間、主之神蹟、已不勝枚舉。遂改用他術、變易其辭、詢

百六十三節

以"爾以何權行事、賜爾此權者誰耶。"其意蓋謂、坐於摩西之位之衆、（謂國會）旣未與爾給有憑照、爾烏得在此、有權以轄有衆而宣道耶。耶穌忽爾聞此、立卽顯示彼等、不配掌此啦吡之權、蓋以人之是否來自於 神、彼乃自謂不知故也。耶穌繼此、復設二子之喩（太28－32）、使知以彼自稱爲事 神之上流。反不遵 神命、轉不若初時、不知事 神之稅吏、及衆人、今尙能悔改而歸 神也。敵人聞此、無以非之、以稅吏罪人、聞約翰之所言、多悔改而信之者、惟己未之信耳。細思此喩、要訓有三。一貌託殷勤者、難以獲救。二依人之見、以爲去 神已近者、未必不距 神甚遠。三前雖有罪、若已知悔、無妨得救。

惡僕之喩（太21：33－46。可12：1－12。路20：9－19）上節之喩、乃指衆首領、已往之罪而言、至此復逼進一層、兼指其將來之罪、倂其祖宗之罪焉。主以葡萄園、而比猶太國、此舊約常用之喩（詩80：8－16。賽5：1－7。結19：10－14串珠）、故當前之人、一聞卽知所指。據主此喩（太33）、彼惡益顯、蓋此園主之所設、其按法修治、而衞護之者、冀收應得之果也。設立而後、遂附此園於衆租戶、而之遠方焉。意卽 神於前時、嘗顯與摩西及衆人觀之、但於迦南地栽培旣畢而後、不常來至、悉託租戶經理。以彼或不忠所託、遂遣其僕人（卽衆先知）警戒之、望仍可獲應得之果耳。孰知祭司君王等衆租戶、不以以色列國、爲 神之國、以爲此乃己國、爲己所從受福之所焉。似此不副 神所素望、此其所由虐待神僕之一大原因也。又猶太人返自巴比倫後、多泥於古昔傳言。卽保羅初時、亦謂宜倣行之、故　神僕至時、不能承認此虐待之。又一大原因也。至所遣之子之被害、因耶穌在拂廬及修殿兩節、嘗言己乃神子、而諸官員等（約11：47—53）、在公會定計害之。故易知耶穌此言（太37—38）之何指也。至於„且來殺之、據其業“之言、或謂縱不殺之、亦可仍前霸佔其產業者、此乃誤會喩中之意。因耶穌此來、並非止爲尋果、乃將以收回其產業焉。觀主前次所費之工、從知主如在此、必將一切改易一新。然使果若此、彼之租戶、卽作罷論、所以決計害之。不惟此後無人來此取果、己且將主此園也。殺之而棄屍園外、此言如云、猶太人併其屍身、亦弗肯收之也。然租戶此舉、不啻寄與園主、一問信之緣由矣。耶穌如此爲言、旋藉文士等、本人之口、擬其情罪之處治。蓋是時彼在衆前、必無他言（太41）、祇云　神必滅絕此等惡僕、改付此園、於依限納果之農夫而已。耶穌認定其供詞、令衆聞之（路9）、彼亦悉主言所指、卽云„毋如是“也（路16）。擲棄園外之屍、與工匠所棄之石、兩意大同而小異。因租園之喩、不能盡顯其意、故耶穌（太42）連取二喩。大意卽云、主如磐石、可撞猶太一國而碎之、諸凡不知接主之人、將因此而躓。且　神棄此舊園之後、必於此磐石之上、再建其國云。主言既甚明顯、雖未至預定之期、官員皆不能復忍、欲遂執之。然亦頗懷懼心、因（太46）廣衆之中、其不附祭司及文士者、尚不

百六十四節

乏其人也。

世子之婚筵太22：1—14。〇此喻與本卷一百二十九節之喻、畧似而不盡同、蓋記於路加之喻、在拉撒路復活之先、時在法利賽人之家、此在彼事之後、乃在聖殿言者。彼處言主人邀請之客、推辭不至、其後見閉於門外。此處請客之人、乃一王者。觀被請者因銜忿而受罰、此知非一喻矣。此喻及葡萄園喻、用意亦復各別。園戶不納律所應付、卽犯舊約所禁。被請不受主所已賞、卽負新約之恩。而喻之第一段（2—7）、乃明指背主負恩者將來所受之刑也。世子所娶之妻、合而言之乃教會也。分而論之衆聖徒也。三節所言、召而不至之人、乃指已蒙召者而言、故不能推卻曰、係偶不及防。所遣之僕、非指先知、先知乃首次之請客者也乃施洗約翰與其門徒暨亞拏以及主所遣之七十人、併當時爲之作證者皆是。主亦未言此衆僕人、受有迫害、蓋約翰乃爲希律所害非被召者害之也第言人不欲至而已。第四節所言之他僕、卽主復活後、更遣多人、如士提反巴拏巴保羅輩。卽前所遣者、在聖靈降臨之後、亦卽同新僕。”皆已備全、“首次遣僕、尙未如是言之者、以主未獻贖罪之祭、聖靈亦未降臨故也、故必待主升天後、始能如此言之。”筵席“按原文早膳也、席中之首飯也。觀使徒行傳、知使徒布道各處時、先勸猶太人、卽已蒙先知之召、來信主者。衆人雖不欲至、主又遣僕請之、恐其前次之不至、蓋無知而自誤耳（使3：17）、故更召之使衆至審判時、無辭以自謝焉。觀五六節、知被召之人蓋分二等。一或忙碌於己之所已有、或營營於所欲之未遂。此輩（5）非必仇視福音而與之爲敵、乃內心多所貪戀者。二疾惡福音者（6）、此亦未言其所以相惡之故、蓋其故隨地而異。約言之、(一)爲福音不符於舊俗。(二)因此道來自外方、人之從之、如以之優勝於本國之道。(三)因多禁制、而不得肆其邪行。(四)有妨於本人之營業（使19：25）。其迫害亦有差等。初特拘宣道者（使4：3）。又以但拘獲之、未足弭止其宣講、故繼施以凌辱（使5：40）。後因凌辱不足以懲、終乃謀所以殺之（使7：58）。如此欺其僕、欺僕乎、欺王耳（7、8撒上8：7—9）。無異乎王大怒、遣軍而滅之也。主所遣軍非一、有謂係天上衆天使者（王上22：19）有謂世上之兵旅者（耶25：9賽10：5）有謂瘟疫者（代上21：14）有謂氷雹者（撒上7：10）此外尚有別項災異、如伊及之十大災及饑饉等、主卽酌用其一二或竟全用之　彼等所居之耶路撒冷、前時爲　神之城、第因不欲聽受　神言之故、嗣後不弗言爲我之城、我之教會、改稱爾曹云云（見太23：38）。第二段（8—10）、預言異邦人之被召、"凡所遇見者、"意謂無問何族何等之人、皆可召至。"善惡"自人視之、固有此別、故如此言之、然在主觀之、無人不惡、及蒙其恩召、悉成善良矣。三段（10—14）、指已在教會、有負稱聖之恩者言之。觀於其外、似無可指摘、然主之觀人、與人之鑒別不同（撒上16：7）。此不着禮衣之人、言有一位、非謂此等人之少、乃謂雖止一人、亦無以自隱於主前也。以色加畧猶大聞此宜自悟己　王先語以甘言（12）、寧令其自反、而冀其知悔、或如與主同受苦刑之盜、至末始轉悔、故亦有聖潔之效。若解如是、王必仍賜之恩。但（13）人恆自作之孽、以爲假冒爲善、可以欺王。故王遂命僕人、客（不命）（太13：41—42）、縛其手足、治之以刑。前此是人有"手"、（即法術）以害教會、亦有"足"、能自避刑、至審判時、則皆無是矣。有謂來世之罰、止於絕人所受之福耳。觀此節、則不惟使之不得享福、且益之以苦。末節爲全喻之總結、與後四節、尤爲適合、如伊及召出之人、實繁有徒、其選入迦南者、寥寥無幾焉（希3：7—11）。所召之偵探一十有二、中被選者、二人而已（民14：30）。從基甸者、蓋有多人、而選定者、甚屬鮮少（士7章）。亞哈隨魯本多童女、選入者、祇有一位（斯2：17）。凡此皆可爲此節之喻也。

百六十五節

法利賽人與希律黨設謀（太22：15—22。可12：13—17。路20：20—26、）○法利賽人、既爲主言所動、又見主膽壯、不爲彼言所懾、故去之、退而謀與希律之黨、遣諜問主、冀藉所言、控之方伯焉。彼設是謀、奸狡已極、似任主如何答之、終無術以脫其陷害者。如謂理宜納稅、則百姓將不服其爲彌賽亞、此後布道之功、必無能爲力。如云可以弗納、必上控於方伯、而彼拉多則立拘獲之、因納稅一事、（使5：37）猶太已起有戰事也。此際此情、無論如何應對、在彼皆有所藉口、故主之反對、愈快其意。觀彼等後此於方伯之前、以阻人納稅而誣主（路23：2）、可知其大欲之所在矣。計已備妥、遂貌託恭敬、虛心問主、其謀固巧、然其中有一弊焉、彼不信主原爲無所不知之　神、因此傾倒。主叅透箇中消息、聽其言之旣畢、然後於衆人前、顯露其惡言畢、卽重責之、使持至一用以納稅之銀圓。衆聞所責（太－8）、知咎失在己、但業已來至、無由復避、遂聽主畢其辭焉。此種銀幣足證猶太國之有罪矣。如　神在昔時、懲祖宗之罪、罰之巴比倫、蓋冀其悔而知改、今之見付於羅馬、亦所以懲之而知儆也。不爾、則猶太一國、自有本國通用之銀幣矣、舊約所稱之舍克勒者、是也。夫　神付猶太於羅馬矣。使物爲該撒之所有、而不歸之於該撒、是不服　神之刑也。觀於此言、顯見耶穌、並非世上常人之比。法利賽人、雖復聞而奇之、仍不相信、特不敢再詰而已。試思耶穌此語、法利賽人雖復計有兩用、竟爾一無所犯。至此事之訓、爲至今當守之要理、教會與國家、均不可忘此、卽教會與國家、各有別焉、永不可相混也。

百六十六節

撒都該人之辯難太22－23－33可12－18－27路20－27－40○前三年內、主與撒都該人之辯難、僅有一次（太16－1）、蓋彼等之視耶穌、猶雅典學士之視保羅、均以爲不足與辯之小人也。然撒都該人素握聖殿之權、今見此權爲主所操、因亦懼之。迨見法利賽人、向主理論、無以相屈、遂思改用他術、貽人訕笑焉。故特設疑難之問題、使主無辭以對、平民自是必將輕視之、而不服其爲先知矣。試思以此反而問之法利賽人、諒已難之、蓋撒都該人、除摩西五經外、概不據舊約他卷爲憑故也。若論此

百六十七節

律（申25：5）、猶太人亦多有辯論焉、或謂此律已作罷論。或如撒都該人謂此律之原意、第言已定而未娶之妻耳。或謂娶與不娶、但視己心、若非爲律例之一條、娶之卽爲犯淫。更有人云、內心以爲己妻、此意已足、不必果娶之也。但無論何解、此條要在律例之內。撒都該人、以爲與未經載明律內復活之道、甚有不符、故復活之道、在聖經亦無根據也。耶穌答之曰、爾輩不通於經、且不明　神之大能。復活時、人慾淨盡、湛然靈性、已絕婚娶、宛然天使矣。第撒都該人、惟守摩西之五經、故耶穌陳畢前理、遂援五經以爲據曰、觀於　神稱耶和華之名、知　神乃永存者。且　神又云、我是亞伯拉罕等之　神也。詳味此言、是則非惟爲　神於前、卽今亦爲其　神也。且觀　神言、確知亞伯拉罕等、未嘗滅沒、依舊永存、撒都該人、聞主所言、知律理本如此、不可任意解說、因亦無言置對云。

律師之詰主（太22：34—40。可12：28—34。）○耶穌既如此以覆撒都該人、時有如許文士、雖亦黨於法利賽人、然深然主所言、故中有一人、見其答辭甚善、因告之法利賽人、言撒都該人爲主所屈。撒都該人勢必不復申辯、彼等亦遂會集（太34、可28）、亦效撒都該人以律而問主焉。詢主者、或卽馬可（12：28）所言之文士。思其所問之要理、非第尋其有無失辭而已、兼欲試主之道學焉。答之不當、未必於主一無所妨、但主之答、適切所問、故古時之傳言、自此於斯文士心中、暫失其權。彼識明天道之善、而極稱主論之優長、日後能否入於天國、尚未可知也。

百六十八節　基督之來歷太22：41—46。可12：35—37。路20：41—44。○觀此上三節、法利賽人、撒都該人、與諸文士、皆相繼而躓於磐石之上矣、後此磐石、遂輾而落於其身焉、而在主也、無論人如何詰之、皆能答之、無疵可指。自此他人、必不復問以誰與之權矣。觀主之任人一問再問、卽顯明彼三等人、不宜居於當時之位、因於所持之大端、不能講明。平時所行之禮節、與所讀先知諸經、雖皆指彌賽亞設者、及其躬自來至、尚不能識。是則彼雖自謂應握此權、酌定孰宜宣道、孰爲未可、然而於此一問、不能對之、明見其大權徒攬、而不稱居摩西之位矣。

百六十九節　禁人效士子及法利賽人太23全。可12：38—40。路20：45—47。○主已顯明衆首領、不配爲教習矣。乘彼在目前、雖命人姑從之、然禁人效之、以彼並無愛人之心（太4）、且有虛僞之行、及惟求便己之心也（5、7）。與言及此、又近使徒爲惡之萌、故繼勸門徒（8—11）、不可惟求便己、此罪所由生之根、而撒但之所以墜落者、當學爲謙卑也。可參觀路加14：11節18：14節繼此又重言其所應受之禍。主言所以如此之重、大抵以彼等常謀設法陷主、且禁止以道訓人、又深惡其假冒爲善也。但主素時宣道、非求逞己之怒、乃思有益於人耳。觀馬太後三節、知主發此言、亦望激動彼等、救得數人耳。其第一禍（太13）、乃指彼當此時、厭聞主言、且消阻衆人嚮道之心也。其第二禍（15）、非責其引人信耶和華、乃責其使人聽從其謬解也。其第三禍（16－22）、因彼等有似天主教中耶穌會之說、凡盟誓時、第假人所未慮及者、以爲推却之術・其傳文云、卽指天地而起之誓、可不必遵守、但指　神名內、一小字母盟之、亦決不可背。似此之小術甚多、主並舉而責之、言人無論所指何物、但指以爲盟、輒爲誓辭、卽當謹守奉行、不爾、卽爲謊言。主於此、先稱以愚而瞽者、因彼等每以小術、而蔽彼要理也。其第四禍（23－24）、指假冒爲善之外行、卽於人所以爲細微之事、以什一獻與　神、令人誇其良心之精微、而於人所不見之大事、竟敢肆行諸種有違公義之妄舉。依主觀之、於人所以爲微甚之過失、彼等則憎疾而非之・至於大罪則行之、如呑美食也。其第五禍（25－26）、以彼等致潔於外之禮、視潔淨其內心、尤爲緊要・如必盥而食、滌洗盌盞杯盤等事、尙知謹守・至滌慮洗心、或反忽之・如今人以聖禮之外表爲要、不思己當先作何如之人、始可領受此禮爲尤要也。其第六禍（27－28）、乃斥其致飾於外貌、如祈禱必立十字巷口、僞託虔誠之容、又於禮拜時、必趨行而往、緩步而歸、致飾種種外行、罪仍充滿於內心者是。其第七禍（29－36）、乃謂其迫害　神之僕人、不惟昔時如此、將來（34）亦必如是也・故復言及亞伯撒加利亞（代下24：20）、大抵因彼爲舊約所提、儘先及最後、爲道受害者。耶穌之初布道也、固宜有多許之福矣

（太5：3—12）、繼因人蔑棄其所賜之福、故末乃惕之以禍焉。此見人知信主、即可得福、而弗信者、禍必旋至也。然主之言此諸禍、非其本願也、乃忍之而不得耳（37）。惟彼置若罔聞、故至末主云、“爾室爲墟、遺諸爾矣、第居我復臨之期、爾將稱讚所不得讚之福矣。”此主與法利賽人訣別之語也、故此後書概不記有復與講道之事。

百七十節 褒獎貧嫠之捐輸（可12：41—44。路21：1—4。）○此事福音合參、多列於八禍之後、諒此一事、蓋在法利賽人已出之後、而撒都該人未至之前、否則、當撒都該人既出、而文士未來之際耳。此時耶穌身頗勞乏、坐而小憩。人知愛　神、必爲　神所愛、因此遂關心於貧寒嫠婦焉。彼因愛　神、遂竭己所有、悉獻於　神。此亦見其信心、蓋彼雖無所餘、亦不留存、以表蒙　神之庇佑焉。主即嘉之、亦非覿面稱之、特出之私議耳。從知己有所行、雖爲　神所悅、　神未必明以示之、何則、蓋恐此之爲、於人無益也。

百七十一節 希利尼人之求見（約12：20—50。）○有人以爲上節所言、蓋在內院、爲外族人所不能至者、惟此節所言、雖復在主出後、而亦非在外院也。如係外院、則已立主前、自足聽聞、奚必待煩他人乎。以意揣之、諒係已出聖殿、尚在內院、行往橄欖山時。耶穌聞之、以爲居時之據、因屬在鄰國、尚知善待、此榮耀將得之徵也。若輩之因腓力以求見、蓋因腓力之名、起以希利尼文也。然腓力此時、意似愧恧、故先見其友安得烈

百七十二節

是時安得烈、已列名前四人中、乃與之俱見於主。夫主之生也、東方之人、有來謁者矣。今其將行辭世也、西方之國、復有人賁臨、增其光寵焉。此知遠在鄰封、咸知景慕矣（賽42：4 60：9）。但主（24）必待遇難、斯贖罪之道、始能普及。主亦樂意爲此、於此實驗以賽亞五十三：十一節首句所云。按彼書此處原文宜譯作，，他將要見其心之勞苦便心滿意足，，尊貴之主、尚樂爲此、如我輩者（25－26）、不當盡己之力、振興主之眞理乎。然主雖樂於爲此、依然人體、見當前之苦楚羞辱、亦知煩憂、故於衆前祈　神佑助焉。　神答主之聲音、衆雖亦聞之、尚不能盡人明悉。然其中聞之者、皆知自天而來。是時來見之人、不惟親目見之、且得知主果係誰人。主遂發明此聲來意、並言己將如何受害、百姓聞言、疑抱轉滋、方思與辯。主已迫不及待、反勸彼等（35－36，44－50）云、爾宜乘此餘光片時在世、從速悔改、毋自誤也。此主在世勸人之收場也、過此不復覲矣。三十七至四十三節、乃約翰所發之論、而引以賽亞之言以爲據者。雖有衆有時未信、而在官諸人（42）已有信者、以憚於明認、故約翰即錄其罪。約翰已陳畢所論、又重舉三十六節、未盡之言、而益以四十四至五十節之言、即如復贅之筆矣。觀三十六節之末句、不惟言當日隱之、蓋言自此至主被賣、皆爲隱藏也。

門徒亟稱聖殿之美麗（太24：1－2 可13：1－2 路21：5－6）○主之即葡萄園而設喻也、雖已言及

百七十三節

耶路撒冷將欲被滅、門徒心中、仍深羨殿中美麗可悅之狀態。或者疑神將棄其民、而完結己所布置之章程、故臨去之時、指出殿中華麗之規模焉。主仍重申前意、明言此等必皆拆毀、甚至"無石遺於石上。"此等語言、若爲猶太人所聞、易生大亂、故門徒俟至僻靜之所、始請主再爲解之也。

耶穌示將來之預言太24：3—51。可13：3—37、路21：7—36。〇已出殿中、門徒自此分行、四人同主赴橄欖山、即行往伯大尼之道。猶大遂往法利賽人及祭司之公所、其餘七人、聖經未言何往。主與門徒四人、小憩山前、門徒因乘此機、詢以三事。兩問雖並記一處(太24．3)大抵係相繼而問耶穌並因其所問而答之門徒始問"何時有此。"見本卷上節末主之覆言(太3—28)、先答此問、且戒之愼防僞基督焉。此等僞基督在主復活後百年之內屢次興起答言之中(14．27)、亦言及世之盡期、與己之復臨。門徒遂繼詢云、"爾臨及末世有何兆乎。"主(29—31)卽告之、繼取無花果樹爲喻、知耶路撒冷被毀之期將臨(15)、使徒在世(34)、可得見此言有驗、而知(35)主二次降臨、亦爲必有之事矣。此至章末示之知所謹愼。欲知"那日"二字之義可觀帖前5：2。帖後1：10提後1：12—18．4：8所言者可分二層。其一(36—41)降臨必突如其來、且至是時、門徒必顯有思所不及之區別。其二(42—50)、在教會中所派之家宰、若謹愼盡忠、卽有獎賞(47)、不然卽受刑與憾主者同(51)。

百七十四節

愚智不同之十童女太25:1—13。○此主蓋與門徒言之、非與衆言之也、故所言童女、係指兩等教友而言。其一等之所以愚拙、其故有三。一初入教時、以爲外行已足。若燈與人同、即已不復他求、內心是否存有眞道、視爲無甚緊要。二已作信徒、依然愚拙、因不乘此良機、彌縫所缺、反如坐而假寐然。三至終仍屬愚拙、蓋備之已晚、始知爲備。使當是時、能效釘架之强盜、虛心悔改、賴主赦罪之恩、尙可得入、如掣救將燃之木屑於火中者然。其又一等之所以聰明、因前已備油、即已存眞道於心中者。但此輩非遂無疵可指、蓋相待已久、彼亦就睡。此見世乏善人所以得入、皆賴　神恩也。有人聲呼云、"此雙關之預言、蓋人近其身之末日、皆有其兆、而世界之末日、亦必有其兆也。於"門關閉"且"吾未識爾"二句、知人於今世、若不悔罪歸主、則無復可乘之機矣。

百七十五節

分銀之喻太25:14—30。○前節之喻、乃論其居心、此節所明、乃論其行事也。此與路加十九:十一至二十八參觀、類似而用意不同。路加之喻、乃言人雖同受一道、而其功各殊。此言得道之人、才各不同、因而主派之功、亦復各異、使各人之經營、隨於各人之能力(15)。要在能爲主得利耳(27)。此亦見主秉至公、不能以彼重任、託之小才、必量其材力、而派之工、故不能謂主之於人、有所苛待也。"即逝之他邦、"以表隨人之便、己於善惡、悉可率意而行。不能言主之於人、有若隔手、使吾輩不得自由而成功也。人之材幹、雖各不同、若能同其辛勤、卽可按此例而獲利（16—17）、因同受一律之勤勞、故同有所得之奬賞（21—23）。此處若較之路加十九：十一至二十七自見。一材幹（卽原本）同多、而受賞之大小、惟視人勤苦之如何、初不在得利之多少也。夫既如此、人如多受辛苦、未獲多利、其受賞當不少遜於他人也。（19節言"過許久"此表無益之僕無辭自諉、因不得諉於時日之不足也）（二）吾人不必情急（帖後二：一、二）、乃安分度日、以宣主道、切勿情緒躁急。首二人（20、22）來此、衷懷坦然、無少疑懼、因有所獻於主者（帖前二：一九）、亦不自矜、反歸榮於　神、言所得利、均出主人貲本（哥前十五：十）。主稱爲良善之僕者（21、23）、因如保羅、專心受託、矢志作工、"不知其他、惟知耶穌基督、並其釘十字架耳。"其稱爲忠信之僕者、因主雖不與俱、彼仍勤於乃事、主並以"美哉"許之。此見主之所悅、不在得利之多少、乃在存心之如何、卽如貧婺之捐輸、雖較富家少至千萬倍、然其愛心、較大於他人、此主所以尤樂之也。"進於爾主之樂、"此羅馬規、釋放奴隸時、所稱之言、所行之禮也（Trench）。無用之奴（24）、最後始至、（路加十九：二十亦然）此亦自然之勢、蓋自知所爲有愧主人、故瑟縮不前。主之稱爲惡惰之僕者、非謂大才皆存忠信、乃在才之小者、每有此弊也、或自識才淺、不足以成乃事、或由畏怯、而不盡所託、造詐成辭、藉以自諉焉耳。觀其稱主爲忍心之人、可知其心思之苦、反謂主人多事吹求、既妄度主人之性情、故謂其言非出於公正.”他人播、爾穫、他人放場、爾取糧、“謂祇計他人勞碌、思利全歸己、故其言云、我不敢事此等之主人（２５）。於此可見此人尤惡於路加所言、無益之僕矣、蓋彼仍以道爲要、尙知褁之以帨.此乃藐視主賜之良機、埋之地中。觀主人（２６）之言、不惟以此人爲怠惰、且爲性惡、蓋彼出謊言、誣其恩主.其謊言見於其所行作、彼若懼其主人、必不敢慵作其工.工未作而發此言、知其非由內心之恐懼、乃性情之險惡矣。若誠以主人爲忍心者、自知才力菲薄、必”以金付於金商“、免負主人重託.意謂不敢自行料理、當付之於善理者、如此事主、任使如何、但不用主賜之才力、卽不得自諉以無過。此人本恐主人、追出其貲本、故藏而不用、然究被奪去、以益多者。此不惟主罰如此、亦自然之理也、蓋人之才思智慧、益運用則益發達.委而不用、則才思漸退、而知慧衰耗、甚至絕無焉。此主最後所設之喻也、言畢（太３１－４６）復附審判大日、別善惡之理。

百七十六節

耶穌預示辭世之時期、猶大尋機而鬻主 太２６：１－５.１４－１６：可１４：１－２.１０－１１。路２２：１－６。

○有謂言此如許言時、保拜三者、然觀馬太仍在拜二之晚。再觀馬太二十六：三、有祭司與長老、因耶穌是日之言、議所以執之.但以百姓甚悅其所爲、憚於先發、恐釀大變、貽害厥身。正議論間、猶大已至、言欲鬻主.彼等聞而喜甚、然未與猶大議在節期舉事、蓋懼百姓也。惟食逾越節時猶大聞主之言太２５知己所謀主已明曉且主翰

13：27催令速成其事故猶大於是夜卽往見祭司等 觀馬太二十六：十四，"當下"二字、知猶大見該亞法時、約爲諸祭司聚議之頃、亦主在橄欖山、向使徒宣道之候也。又將主言、與彼等計議相較、見彼方決議不執時、主已言及後二日、必將被執。顯見主行事自由、而人皆遵主之祕旨也。按猶大此來、馬可十一節言、諸祭司長大喜、因方絕望時、竟爾得此良機、且見使徒少卻此人、則似近在從主之人、亦有不服之者。猶大此來、冀得賞耳。但此輩素性狡黠、故毫不急遽、待猶大自問而講定價值、於此卽顯猶大之無知、蓋如此措辦、若一洩其事、則不能復歸門徒之班。無他、祇隨買者之意、不拘價銀之多少、受之而已。如此則自主之權、歸他人掌握矣。然撒加利亞十一：十二、有必應之預言、而主之狀況、宛然奴僕（腓2：7）、故亦準奴僕之所值、而被鬻（出21：32）有謂猶大此行、因主不欲爲王、起見者、但四福音中、並未錄有此語、反曰猶大此行、欲得銀耳。（參觀約12：4—6。太26：8—9、14—15）。其貪得之念、甚爲躁急、蓋未求別差、與別項方便、惟求銀圓。由所得祇三十圓 計合今時洋四十圓 觀之、後世亦不乏此輩之人也。

百七十七節

禮拜三

拜三之事○自拜二之晚、於橄欖山言畢之後、至拜四下午復入城時、四福音記載闕如。且自主離橄欖山後、未嘗言及此四十八句鐘時間、果何往耶。然主日寄宿伯大尼村、則此時諒寓宿友人之家、乘此餘

百七十八節

間、宣其訓誨、以慰門徒、此事無煩疑議也。主亦必求有此時間、以思其將成之功、共　神而言語焉耳。

禮拜四

耶穌食逾越節日期之稽攷○按照常例、逾越節當在十四日晚、但多有謂主於前一日食之、而拜四被釘十字架者、則主之被釘、尚在他人未食此羊之先。茲舉其理而駁之如下。一彼見約翰十三：一、以爲正遇主食羊之時、約翰仍言在逾越節前、故謂主乃前期食之。然如此解之、非本節之意也。其首句非指他人食此之時言之、亦非指第二節之意言之、第言此時之前、主已逆知其時伊邇、非本日始知之也。二彼意約翰十三：二十九、三十、言方食時、猶大已出、門徒中有意其往備過節所需、因謂主之所食、非按正期之逾越節。果爾時已方食、豈席筵用物、至此始行購買乎。味此處逾越節數字、不惟非指所食之席、亦不指當日言之、乃合此一星期而言之耳。第一日既爲節下之大日、故此一星期之工、卽由此得名、而門徒度此言、特因主偶思一物、恐後此不便購之、故特遣往購耳。又度云猶大所行、乃爲助貧人食節起見、而主遣之速往者、蓋過此數句鐘、卽恐遲誤矣。三復按約翰十八：二十八、言猶太人不欲親至彼拉多署、恐爲所汚、不得食此節筵、自此可見所云主之方食、非適越節。惟欲解此義、必先攷舊約、乃知逾越節字、乃有時第指所食之羔羊（出12：21）。又有時兼指所獻之祭物（申16：2）。亦有全指一星期者。（申16：3。代下35：1、17、19。結45：21）、足見此名、舊約中蓋分三意。三福音書亦然、如馬太二十六：五、馬可十四：十二、所言之節期、自必指此時而言。至約翰二：十三、二十三、則顯指一全數節期而言、而非第指一席之設矣。約翰於十八：二十八節亦然。四又觀約翰十九：十四言彼拉多定案時、在預備逾越節日、耶穌於案未定之前、已食節羊、必前一日食之無疑。第預備二字之意、於四十二節、明見非云預備此節、乃言此一全星期中、預備安息之日也。每安息日之第一日、約三句鐘時、即已停工、以爲守安息日之備焉。如是七日之中、必有一預備日。（有約色弗及傳經爲據）每一星期、既各有一備日、逾越節之一星期中、亦有此日、故稱爲此節之備日。若譯作備此節之日、此特辭有顚倒耳。總之、主蓋按時食此節之羊、且不能先期食之、因按舊律、羔羊必當日在殿見殺、衆祭司並無擅易節期之權、雖欲俾他人之自便、安能以與所惡之耶穌乎。See Andrew's Life of Our Lord Edition 1891, pp 452-481

百七十九節

耶穌遣彼得約翰備席（太26：17—19。可14：12—16。路22：7—13。）〇此處馬太、馬可並言、除酵節第一日。猶太常規、以日落時爲一日之始、而羔羊之殺、及酵之被除、皆在日落之前、而其食時乃在日落之後。至主不告以房主之名氏、亦未言食之某房、今第言某人、且示兩人以暗號、其故何歟。蓋主思將新約之例、先行立妥、再付使徒於　神、然後以行事之機、與之猶大耳。馬太平時、或記事較詳於他人、惟

百八十節

此事不及彼得之徒馬可者、因彼得爲主所差、方備乃事也、如馬可言及持水瓶者、馬太未之記焉。主人爲誰、今未確知、惟視主所寄之口信有，"夫子言"之語、知亦爲主之門徒也。路加二十二：十一與馬可十四：十四。譯作客房之原文、與路加二：七譯作客店之字同、此見主誕生以客店爲家、臨終亦以客店爲寓、蓋寄居一世、不啻客旅也。平時十人同坐一案、數案設之一房。主之此次、不欲與衆人同居一室、惟思與十一使徒並坐、因借一巨室而居（可15）之焉。觀主人之允耶穌與其門徒別居一室、益知其爲門徒之一矣。再者耶穌之告彼得與約翰、雖祇求房舍一所、主業知此門徒、不能如此相待、故語二門徒云、此家之主人、必以大房舍與之也。馬可十四：五十一所言之少年、他福音概未言及、故人多疑此家之主人、卽馬可之父也。思猶大由衆祭司處而來、諒必先領差役以至此房、因方彼去時、主仍坐席於此、比既反時、見客舍已空、卽領之行往客西馬尼焉（翰18：1－2）。馬可聞有兵衆至內騷擾、遂卽驚寤、俟其既出、卽披衣而尾從其後、伺覸其果何事焉、及園外相距較近、幾爲所獲云。

耶穌守節（太26：20。可14：17。路22：14，24－30。翰13：1－20）彼得約翰備席未歸、雖未回報備於何房、主已知之、既暮（可17）主與餘十使徒入城、自此以至食畢、中間次序、頗難考定、因諸福音中並無全錄其事者、路加又不循次序、觀其將聖餐與猶大之計、爲主揭出二事列於紛爭之前、可知矣。追思所言之紛爭、自因就席爭位起見、因門徒中心煩憂之後、自不復如此競勝•所爭者觀下所言、諒爲猶大所得、約翰坐於次位、彼得聞主責言遂憂慮塡胸、就末位而坐焉。耶穌見使徒情緒如此、即勸之、言天國（路25－26）與世上之國不同、因指己（27）以爲矜式•繼（28－30）言與共難者、必獲獎賜、但今尙非其時耳。言畢即遵逾越節例（路17）、而祝杯之前、即告及門徒、此後不復在世同坐此席。若按常例、飮酒而後、主席者將羔羊肉、與苦菜同束之賜之近坐、巡傳一周•但主欲令使徒、不可如此紛爭、又暗示讐己者、並非外人、乃使徒之一耳•雖業已坐定、復離席而起、解卻長衣、取巾自束、注水於盆。使徒見此、必甚駭異、然不明悉其意•俟主來至（非循序挨至）席中末位、（即彼得也）彼得始悟其意、遂驚曰、主歟、爾濯予足乎。主（翰7）不欲向彼解明、但慰之而已•彼得曰、不然、爾終毋濯予足。彼得此言、原出於愛心、故聞主言必須如此、彼遂興致高騫、愛心又復勃發、言於主曰、主歟、非惟我足、即我手及首、亦當如是。觀此語、併後此所言、”主爾知萬事、爾知我愛爾矣、“可知彼得雖有時膽怯、惟愛主之心莫能忘也。聆主覆彼得之言（翰10）、使徒咸知同室之人、有一不屬主者矣。事畢、主復入座、勸衆（12－20）當以此爲法、不宜求居高位、蓋凡爲僕者、即不能大於主也。夫使之之人、尙且如此、則受使之人、不尤當深自貶抑耶•其獲福之由（17）、在明此理。言至此（21）、主遂明告彼等、同人中有一欲讐己者•主心既

百八十一節

有此意、自必思及後日、惟有使徒在世代作己功、因陳二十節之言焉。

猶大離席（太26：21—25。可14：18—21、路22：21—23、翰13：21—30。）按此節之全例、四福音多未記之、意主此時、不必皆遵之也、要者欲藉此餘時、立新約之禮、故（翰21）陳畢前言、愁懷轉甚。觀主所言、非自爲憂、乃憂使徒十有二人、有將墜魔鬼之計中者。主在世既愛其徒、愛之於始、卽愛之於終、不欲失却一人。雖如猶大之負此重罪、惟其實主之意、非由人而起、乃由魔鬼而來（翰2）。此非猶大之時、然主之時已來至、猶大遂決意鬻主、故主卽遣之出。未出之先、主復設一術、冀感其心、乃言曰、爾卽我所選之友、中有一將鬻我者。門徒聞是、皆愁甚、既不疑爲他人、祇可問云、"主豈我乎。"（門徒是時既不疑爲他人、足見猶大平時善於裝點僞託、愛主不在他人下也）觀其餘使徒之問辭、若不認焉。知各人自省原無此意、深恐無意之間、誤陷魔鬼之計中也。觀猶大俟人問後、始行自問、似不得不問者、然因彼若不問、恐他人起有疑念也。主已答之、他人仍未之知、此見（太25）主必低聲語之也。是時約翰依近主懷、故彼得因心緒焦急、卽示意約翰、窮問爲誰也。如此問之人、不得知矣。彼得之示其意、蓋亦低聲語之、不爾、則無煩示意、逕詢於主可矣。主暗示約翰、蓋假此席之常例、以食物而賜之猶大也。雖如此爲之、其餘九人仍不知之、知者惟彼得及約翰耳。猶大食所賜之食、雖席未訖、然過節之事至此已畢、故主遂遣之出、人亦不因而疑之矣。

非然者遣之於未食之前、人必惑之、彼此互相爭論、有妨主所欲立之聖禮必矣。

百八十二節

主預言門徒倍己（太26：31—35。可14：27—31。路22：31—38。翰13：36—38）〇猶大出後、主（翰13：31—35）遂告知十一使徒、受榮之期、將欲速至、但爾不能即從、繼言宜彼此相愛、此言雖未明指猶大、亦隱示之、因彼於主如有愛心、決不爲此也。言畢、彼得即問何往（翰36）。主答之曰、今不能相隨、且告以路加三一、三二兩節之言。（此言可使衆人日後服彼得爲首）彼得繼云、必欲從之、無問主死與逮繫於監、必不背之。主示之曰、今夜爾將三言不識我矣、又繼云按舊約所預言、當夜將受責撻、門徒必皆分散。又令彼等迨已卒後、先待於加利利焉。彼得聞此（太33）、遂言衆即棄爾、我必不然、意仍同前。耶穌覆申前言。彼得之情、益以篤實、第三次云、必不棄爾、衆門徒亦附其言。（彼得此事亦可作哥前十：十二之註解）思使徒此言、如麥之有糠、蓋惟恃己力、罔知依主。此撒但刼奪門徒之妙術也、而神惟準其簸之、分清糠麥、不令奪去、故主亦聽憑彼得及衆徒皆傾跌、使之覺悟之後、不憑己力而賴神、能振興眞道焉。彼得於此傾跌、尤甚於他人（路31—32）、至後竟爲衆人之領袖焉。（此非謂彼得因受此傾始爲衆人領袖、蓋惟素具是才、故能得此職耳）主（路35）問前被差時、有所缺否、此主欲提醒衆人依己之信心也。惟景況不同往時、因耶穌在彼時、加利利之大先知也。今時代人贖罪、將厠罪犯之列。夫爲首者、既已受責、則從之者、亦難必其無事。主意欲門徒預行備妥、不屬血氣之器械、反與保羅（弗6：14－17）所言者同。乃門徒誤意主指屬血氣之器械而言、故言持有二刀。其一係彼得所有主遂謂之曰足矣當時雖未明示其意然此言既入於其人之心後自必能全明之 論至加利利、可叅觀馬太二十六：三十二、及二十八：十六、可見主亦與期定會於某山。此節中四福音類同之言、馬太（31－35）馬可（27－31）錄之在衆人離席、將往客西馬尼之後、路加（31－34）約翰（36－38）錄之在未行以先、意此言蓋有二次、但不能確知云。

百八十三節 設立聖餐太26：26－29。可14：22－25。路22：19－20。〇因猶大之出而有之言既畢、主遂藉此筵中之禮、設立聖餐。原節之酒之第三杯、俗名祝杯。按保羅（哥前10：16）言主之所用、卽爲此杯。自此而往、主卽未循舊規、反立新例焉。按逾越節筵席常規、初就座時、分餅爲兩、一與羔羊同食、一俟至席後食之。主於此卽用所餘、更立新禮焉。至原節之酒、復有第四杯、而此處言未及之者。諒是時主不復用之、因不欲在新禮中更行舊例、故特設新禮、以代舊規云。

百八十四節 耶穌慰訓使徒翰十四章。〇約翰十四章之言、明見主於坐席時言之。其餘兩章及十七章、乃於衆人起立之後言之（31）。但或在室中、或在行往橄欖山途中、均未詳耳。註者卒謂在未行之先、但此言亦不甚確、因是日適當望月、路亦稍遠、或途中少立而言之耳。主見衆人憂甚、思所以慰之（1－4）。多馬聞未明悉、遂問行之何所、並由何道而往。耶穌遂答之、與多馬所言之序相反、謂宜先知其路之奚由、寓處多方、而路祇一道。復有腓力令主心傷、因其所言、隱寓主不眞爲　神之意。觀主此問可曉主（翰16:7）所言我去必與爾等有益之意主（11）答腓力與前答猶太人（翰10:25）、其理相同、謂人觀主所行、卽宜相信。既述在己之行作、繼言此後爾須作尤大於我之事（12）、蓋我須還至　父所。卽云爾得藉聖靈、引人相信、其效果較己尤大也。故（13—21）示以得能之道、復語以應許之言、謂後必偕永不相離之聖靈（17）。又曰、雖相離片時、必將復來（18—19）。此表三日以後之復活、彼時世人不得見之、能見者惟有信之人耳。但（21）欲獲此益、必恪守主之誡命、蓋必此等人、主始爲之顯見也。至是（22）猶大聞之、不曉所謂、蓋仍執舊時之成見、以彌賽亞行將立國於世、榮莫與京。若云主惟顯於信己之人、而不顯於世人之前、此與己成見不符、因求主解焉。耶穌（23—24）示知所言之顯見、要意在人之內心。此上諸訓誨、主乘在世（25）相與言之、使後卽相離、亦不至失其所望。蓋保惠師（29）行將繼至也。自此節可知聖靈於人心內、提醒主言、以訓誨人之功焉。有爲主作證之功焉（15:26）。又其在人也、有相慰之功焉（16:6—7）。又有責備世人之功（8—11）、及導人先路之功焉（13）。門徒既得似此之應許、主遂許與以平安。非如世人所賜、在外之平安、乃內心之

百八十五節

眞平安也。繼復勸之(14:28)、不必但知思及一己、當樂主之樂、蓋主將還歸父所、宜欣然而樂、以"我父大於我也。"主之意以爲己之在世、狀況有若僕人、故必深自謙抑、作成救世之功、歸至父所、仍享與父同等之尊榮。然則主已完畢其辛苦、而得成其安樂、愛主之人、所由深爲欣幸也。出此言時、(29)、主思及門徒當時不能明悉、然業有此言、存於彼心、卽能益其將來信心、故不煩多論、因(30)魔鬼試主、時期已臨、但使徒不必因此懷懼、蓋有主在、撒但永無得勝之權也。三十一節之大意、乃謂主作此言、誠因愛父之故、而父之美意、卽欲人人皆得生命之正路也。

主將離世之訓言 約十五・十六章。〇十五全章、可分三段。一信主之人、與主均有聯絡(1—8)、而與成一體、如此信而認焉、卽有生命、旣有生命、必結有多果。二應彼此相交(9—17)、卽主與門徒、門徒與主、門徒又彼此相交也。三門徒因不與世人同類、世人必憾焉、並思害之(18—27)。〇第十六章首四節、先言門徒將受之迫害、如何深重、繼復禁以勿爲憂愁所勝、因知主雖離彼、仍與彼有益、蓋已去後、保惠師繼來、輔之宣道、卽(8—11)令世人自知其罪、何如其深、知基督爲人、業已升天、且知 神必審判撒但、卽茲世界之主。此乃人講道之三大段也、卽人之有罪、亦有得救之門徑、後必有判斷之時期。繼言不能再與多言(12)、但聖靈來臨(13—14)、必導令自悟、亦歸榮於主、從知聖靈者、我輩之教習也。又知凡布道者之本分、在訓誨世人歸榮於主。觀十六節、似主將與之訣別者。但維時使徒、尙不解片時二字、果係何意、又不敢相問、主甚憫焉。首時所言之片時、謂主不久將歸墓中。未復活之先、門徒必將哀哭、而世上諸人、心反喜樂。但如此之時、本屬無幾、如分娩者然。痛苦雖甚、傾刻已過。故更歷片時、俟主復活（22）、必復見之、此時之樂、人不能奪、若至其期、門徒自知。彼等（29）以爲所言已悉耶穌遂（31—33）云未也、爾將舍我而逃、雖則相離、我父仍與我偕。其後復遭困苦、雖則有此、亦可平心、蓋我卽爾輩首領、已獲勝斯世也。

百八十六節

主之祈禱（翰十七章）〇此上三節、主如大祭司長立於聖所、與人言語。至此復入至聖所、祈於施恩座前焉。首五節係爲己求之言　神前所託、將次成功、故求父復賜以當初之尊榮。又（6—10）獻門徒於　神、求父使彼聯合爲一（11）、離罪成聖（12—19）。不第爲當前之門徒祈求、並使凡將來之信者、皆聯合爲一（20—21）、而得其尊榮焉（22）。又成全於一（23）、且與主同在（24）。至主祈禱之總結（25—26）、乃言世人雖未接之、而主受之託無不忠心。他人雖不識之、但當前之門徒、已知爲彌賽亞。繼言己已將父之道、授之門徒、後必仍啓示之、假茲門徒、以訓衆人、是則父愛子之慈心、必常存於心內（羅5：5）、且主一已、亦將居彼心中也（弗3：17）。

百八十七節

主在客西馬尼之愁苦太26：36—46。可14：32—42。路22：39—46。○按約翰十八：一、耶穌
與十一使徒、同入園中、遂別其八人、使之止步、言爾宜勤禱、免入誘惑。此主未逝世以前、與此門徒八人
最後之言。無如大苦臨邇、主亦人情、仍欲與所愛者偕、故同彼得雅各約翰、復於林中前行。然每前進一
步、則悲懼愁傷、益深一層。忽有大難、縈繞寸心、因憂甚焉。雖其所愛、亦不欲見。特欲令稍近而已。仍前行、
跪祈於 神、求資贊助、所禱懇切、慘然心傷、血汗交下。如此祈禱、蒙 神悅納、遂遣來天使、以堅其心。既
得贊助、雖仍懷恐懼、已可自固。此下禱辭、亦有忍受之味。下兩次中、未言仆倒於地。蓋 神已施以體恤、
而堅固之。耶穌愁苦如是、非惟因懼死而然也、蓋死雖人之所懼、然亦有臨刑而不畏者。其所甚惡、卽世
人之總罪、肩於一身（賽53：6）、又 神之震怒、將臨厥身（太27：46）。所親愛之父、既怒其身
被之罪、己身復列罪犯之中、自必與其本性相反、而使之憂傷也。三福音中、皆言主求此杯去己、可知在
 神若有他術、可成救人之功、亦必用焉。然主於此、非憚其難而遝求辭之、蓋仍求依父所欲。此主之人
性退而 神性進、兩性固未嘗不符也。因仍思從 神之意、而不由己之心也。主如此求、不第承順父旨、
且謹守己所前定。試思主前在曠野、受試於撒但者三次、固已獲勝。今在此園、三次震恐、依然獲勝也。使
徒之倦乏、非惟因夜已深、並由心懷畏縮而然。此等情狀、於人臨終時、蓋習見之。醫生與朋友、雖警醒無

倦、無奈親愛之人、幾不能醒。首二次主旋返時、尙薄責焉。比至末次、乃體恤其懦弱、而矜憫之。彼雖不能爲主警醒片時、主旣得勝、卽於其側、警醒而望之。使徒睡時幾何、新約未言、大抵亦無幾時、蓋耶穌旋見猶大約同多人前來(可42)、言時已至、遂起而偕往耳。見主此言、非令使徒逃而避之、乃約與同行、迎猶大領至之人耳(約18:4)。

百八十八節

猶大自離席至及客西馬尼園○新約記載耶穌、是時所行、惟猶大所爲、祇可由其行事推知。其離席而出也、大抵先至亞拏處、由衆曳耶穌、先至亞拏院中(約18:13)、可見猶大此時、卽明言耶穌時在何處、且言此時良佳、蓋星夜更深、人皆赴席室內、此時執之、不致釀亂。諸祭司長前時雖謀待過節後始執之、今見猶大與以此機、其便異常、故卽從所議。又思耶穌若已落手、餘事卽可速畢、因事案已定、祇稍事附和、以應律文、速行曳去、以了其事而已。夫公會雖有兵及巡殿聽差等人、彼仍恐事有卒變、蓋萬一變起、目前並無羅馬兵也、俟彼拉多察訊一過、卽行責之、因此又設一術、復增羅馬兵焉(約18:3.12)。來相助者、乃一千夫長、卽彼拉多屬下平等六人中之一也。從知亞拏爾時、乃先請示於彼拉多、故彼拉多於翌日之晨、卽候堂訊。參觀其夫人爲主見夢之由、其故自明。亞拏上控之言、不得而知、惟觀方伯委千夫長、至此必控以謀反可知。恐有誤公事、故帶有如許執梃佩劍者。恐耶穌或匿於小室之內、或避隱園林之中、又持有燈籠、以備秉照。備妥一切、尙有一事可慮、卽執之之時、有恐誤捉他人也、故假耶穌愛人之性情、先定一暗號、而陷害之。猶大惡行、至於如此、不知其死期已至、尙在主先也。

拜五

百八十九節

耶穌見執於兵 太26:47—56。可14:43—52。路22:47—53。翰18:1—11。○被執之時刻、不能確知、第觀耶穌自離伯大尼以至是時、其間諸多行作、並在園內、歷時許久、又猶大自離席後、議於衆祭司長時、是則其時當在子後矣。至主見執之情形、參觀四福音所載、知衆至園時、猶大前行、先言”請啦吡安、“爲示從者、知己尋得、纔特與主接吻。觀耶穌之答言（路48）、已畢露其虛僞。言畢、遂不屑理之、乃前向有衆、問緊誰之尋。是知猶大此一重罪、乃自行復貽之、而在主也、亦非兵執之、乃主自付於兵耳。猶大見事爲主所識、遂入所自帥之一隊中。耶穌一言係我、同時彼等、皆仆於地、此知耶穌並非無以自脫、乃心甘受難之據也。衆聞主言（翰8）、亦知主無意護己、故卽從主所欲、聽門徒四散。自主此言、可知主仍不自顧、而顧其門徒也。衆既知主無意阻止、則逕前執之、使徒是時、第有十一人、且惟佩二刀、乃大壯其膽、思有以捍而衛之、或（路49）問主曰、擊之以刀可乎。彼得未待主有覆言、遂揮以刀、去卻大祭司僕之右耳。耶穌一捫、已愈其傷、卽示大祭司己誠爲　神之一據焉。顯非魔所附矣、蓋使果爲魔、決不爲害己之人、行一善事而救之也。此亦主施恩於大祭司之家、而復與一悔改之機也。自主所行之奇事、使衆知護己與其教會易易也。彼得雖屬美意、然不無損於主、蓋衆人因此縛主、主雖方假其手、成一善事、彼等竟縛其手。魔之誰附、觀此益明、如此待之、眞同賊盜矣。耶穌見己無故受辱、故卽責之、非責縛己之兵、乃責旁觀之衆祭司、與長老等人也。使徒見主不護己、又見捆縛己妥、恐並執己、相率奔避、惟彼得約翰相從於後（翰15）。中心依戀而不去云。

百九十節

耶穌被堂訊之首次 太26:57—66可14:53—65。路22:54。翰18:12—14:19—24。

○差役縛主、先引至亞拏所、而羅馬兵大抵此時卽歸營矣、因書內此後概未言及也。亞拏之着此毒手、因前嘗爲大祭司長六年。是時雖非祭司長、仍爲猶太之達官、五子一壻、併其一孫、皆膺此高位。攷猶太史記、自知其閥閱之貴顯矣。又亞拏之爲人、不拘於道、故羅馬人悅之。初亞拏仰聖殿爲生財之源、耶穌二次潔除之、已爲彼所怒、是時雖罷職、然仍有大祭司之稱、亦有所分之權。彼雖訊主、亦未詢其被控之辭、但問以其徒與所講之道而已。迨問及門徒爲誰、主卽緘口不言。至詢其所講之道、卽明示亞拏、此非審判之規也。欲知所講維何、宜問他人、不宜問之本人也。亞拏所爲、非果尋眞理。差役雖未領命、遂希合上意、撲主且責之。主亦未怒形於色、然所言之理、令人無辭以對。繼之亞拏（翰24）遂遣至其壻該亞法處焉。

百九十一節

附註　耶穌先於誰前受審○合叅諸說多有、觀約翰十八：十三、明言先解至亞拏前．十九節言、訊問之者、乃大祭司也、因按本節詳味之意、大祭司者、卽指亞拏而言、因彼前時、嘗任是職也。又有以爲約翰每言大祭司、皆指當時之在任者而言、則此處十九節所言、必爲該亞法無疑。又繫一說曰、該亞法處者、公會會集之區也、以爾時尙未備妥、故先解主至亞拏前、該亞法先就其地而審問之．此說不合、在二十四節所云、乃指該亞法之公堂也。或又有云、亞拏與該亞法同居一署、解至亞拏處、卽解至該亞法處矣．案此說與二十四節之言、似不相符。第一與第二說、均見優勝、而第一說、尤合聖經之成說云。

百九十二節

耶穌二次被訊太26：57—66。可14：53—64。○此次堂訊、或註云無非備案上詳於彼拉多耳．但此解未確、蓋衆以爲彼拉多必準公會所定之案、否則、何彼拉多稍事研詰、彼等反無備妥之辭耶、（翰18：30）．故此次之訊（太59—61）、乃思尋有謬誤之話柄、僞託按律擬罪、以欺衆人、使衆以爲耶穌之受死、固其所耳。若不備妥而無所執辭、恐百姓不服、因而釀亂、孰意所備之辭、終於事無濟．蓋後此百姓（翰19：7）、一露此實情、彼拉多幾翻其案。自此可見此次之集堂、非爲備辭而上之彼拉多乃爲唆使衆百姓耳。初作證者、彼此不符、故不能據之以定主之死罪、果爾、衆必不服。然聚堂必具案、故復設有僞證二人、控主欲毁聖殿。若證實此條、固爲死罪、蓋汚穢聖殿、罪已及死、况毁之乎（使21：28—29）。但此證未確、因（可59）其見證仍不符也。衆如此控之、耶穌默而不語、因所作明係僞證、無足駁者。該亞法見衆證皆屬無益、不安於座、遂起立（太62）思以嚇主。耶穌不答一言者、因作證者第知控之、而無以證其所控也。至此該亞法亦無他術、遂使之起誓、令主自作證焉。案律（利5：1。列上8：31）、如坐堂者起誓作證、則必全應所問始可、故耶穌（太64）、卽言彼等所不能證實之事。衆皆以主自作之證已足、故不復更尋他證、遂相率散堂、逕待次日。觀耶穌被擬死罪一條、見魔鬼及惡人所設之謀、必　神任其爲之、始能成功、儻　神不準之、必無能成之也。

百九十三節　耶穌受辱太26：67·68。可14：65。路22：63—65。○衆散堂後、吏役等、卽凌辱百般、苦待耶穌。觀馬太馬可記公會之官亦自輕賤、與賤役一同戲主、此諸凌辱、在主所飲之苦杯內（希12：2—3）、亦主與吾輩一當守之模範也。

百九十四節　彼得不識主太26：69—75。可14：66—72。路22：55—62。翰18：15—18：25—27。○彼得此事之次序、諸處互相聯絡、不易列明、但思聖地縉紳之家、房舍狀况、與中華略同、（見本書五十四節）知差役解主至院內時、先至院四圍之一室中、卽生火院中。主所立屋、前門洞開、自內可望見院中之人。人入院時、約翰亦相從而入．彼得是時、已見閉於門外、約翰知之、卽爲言於司門之婢．於是彼得亦得入大門內焉。彼得入後、僞若無事者然、故與人同坐而向火．門者大抵以其未與他人同入、遂注視之、繼而問之（太69、可66—67。路56—57）、此其不認主之首次也。後復有告之者（太71、可69、路58、翰25）。據馬可言告者或仍爲前女、馬太云、“又一婢、”路加云、”又一人、”約翰云“衆”合觀之、司門之二婢、心仍疑之、故告其同人焉。前與共坐之人、暫不理之、而彼得因心不安、旋卽起立、此後未久（太71）、卽離衆人、佇立大門之廊下、是時婢及其夥伴、向門下立者而言曰、“亦彼黨也。”繼又有男子云、“爾亦彼等中之一也．”雖則是時方不向火、然不知何爲之善、故復之原處而立焉、是其不認主之二次也。彼得言之既如此之堅、女婢亦未復言、又因公堂之人往來奔走、且多聽差與作證者、又因耶穌堂訊之後、爲衆人凌辱之故、約歷一句鐘時、不復更理彼得（路59）。但立於火光之下而言、其事甚險、因有識其面貌者、曰、（翰26）“我不嘗見爾與彼偕行於園中乎。”有識其語音者（路59）、力言其不誤、謂曰、“爾亦加利利人”（太73、可71）．彼得觀此景况、以爲危甚、卽詛咒而發誓曰、“予不識此人、”又故作疾語曰、“予不曉爾言云何、“夫使不明所言、又何能答之乎、此其不認主之三次也。爲此言時、晨雞已鳴二次、是時主在室內、望院內而迴顧之、彼得追思主前數小時所言、而主如此注目視之、初時之愛心、遂復作起、畏人之意念、立卽滅沒、遂奔至院外、痛哭而不止云。（由上所載彼得不認主不止三次然按地計之當有三處一在方入時之火旁二在廊下三又在火旁每處合觀之謂之一次不認主也）

百九十五節

耶穌三次被訊（此過正堂之第一次也太27：1、可15：1、路22：66—71。）○及晨、主第三次又復被訊、此事首三福音皆詳言全堂三等人咸至、此見前此過堂二次、大抵不必皆至、或因偶有堂事、不及周知、或因非例所關、故不欲至焉。至是時已及日、已不爲違律、故咸集堂上焉、惟此次不須煩絮作證、祇訊以前次所訊之一言、使衆人因親聽其所覆之言、卽可問擬、何必他證乎。觀耶穌之覆言（路67—69）、知彼等所求、不在眞理、乃思害其命矣。蓋既不信所言、又不答其所問也（太21：25—27、22：41—46）。晨聚之會、固爲定主之死罪、亦思得一術而治死之也（太1、2）、蓋已本無權以定人死罪、雖作亂而傷害人命（傳7：54—59）、仍恐激起事變也。若按羅馬律而斃之、則無敢指其咎者矣。但凡人命重案、須羅馬方伯親理之、而　神有時顯現爲人形者、此等變形、爲羅馬人最信服之說也。惟方伯既相助拘獲、故衆皆望一得其情、方伯若從而準定之、是則邑民未起之前、其事固已畢矣。（觀路加66似此次聚會不在該亞法處乃在公堂者而翰18：18言自該亞法解主至彼拉多處。意者此非該亞法之室而彼之公堂也又或註云與公堂蓋係一處也。）

百九十六節 附錄祭司長違律○諸祭司長、雖控主違律、而擬以死罪、然其審主之時、自犯規之舉、正復不一焉。一夜間升堂、訊究案件、此其定例之所禁也。二 聚會審問、不在大署。三 無可據之辭、並無許之人。四 未招爲主作證之人、又已證其言、亦未相合。五 令人作自害之證。六 定案立卽施刑、不按常例、俟一晝夜。七 堂訊之時、在堂諸員、顯有嫉惡之心、任意偏袒、已以手擊主、且準他人擊之。故迄今猶太人雖不信主、然有言云、彼時公會所行、實私謀殺人、不合於律也。On the illegality of the Lord's trial see andrews page 312.

百九十七節 猶大自縊 太27:3—10。猶大見衆人皆之彼拉多署、已知公會擬入死罪、而主罪已定、自覺負罪甚重、卽於此時往取三日前所收之銀幣三十枚。比其返也、衆祭司已回殿中、主之自希律而返也、彼拉多(路23:13)又喊堂焉、此見衆祭司未皆與主偕至希律所、且未候審於方伯之署矣、既不在此二署、卽在殿內矣、蓋此乃逾越節之一大日也 於是猶大至殿、交付銀幣、蓋中心卽惡前此所事之嗎門。但不可云猶大至此、始知自悔、蓋人既犯罪、心中便明、如經(創3:7)所謂目卽瞭焉。前此視之以爲有益者、今反惡之。然罪經已犯、亦無他術、祇可退回其銀而認罪、且言耶穌無過而已。猶大之必如此、其是否果望諸祭司長、聽信其言而釋主、皆未之知。無如彼等皆置而不理、並無暇而與之共語者。斯時祭司立於聖所、爲猶大所不能至、至是已無他法、惟擲銀於其足前而自退耳。猶大心內、不勝其苦、遂奔至邑外、自經而死。至此更顯其心之苦焉、蓋自縊之際、未遑審及枝幹之是否穩牢、其自縊之繩、果能勝否、因而失事、立卽墜落山崖之下、腹裂而腸出也（傳1：18）。按猶太律不義之財、不可入於殿庫、祇可付之本人。儻或不收、可爲一善事用之。但此銀衆祭司無由交付、且其心甚乖僻、不準作爲常用、遂權作猶大之銀、爲贖田一區、名曰血田。此應舊約二預言、一在耶利米（19：6—12）一在撒加利亞（11：12、13）故馬太九節、未必昔年謄寫者之誤也、蓋馬太因耶利米預言在前、已稱爲殺戮谷、藉爲根柢、故將撒加利亞之預言、括於其中、而曰耶利米之預言也。所可奇者、衆祭司平時熟習舊約、未思價銀之數、並己所作、適驗先知之所言、而莫之少爽耳。

百九十八節　耶穌初次受訊於彼拉多 太27：2·11—14。可15：2—5。路23：1—5。翰18：28—38。○主在彼拉多前之如何、如取四福音而相較之、知惟約翰頗詳。按約翰所載、彼拉多知猶太人業已來至、特不敢入署、遂出而見之、問控之何事、此羅馬律堂訊時之第一要也”。若人未被控、卽不定其罪。“猶太律不然、可拷問所拘者、而具呈以控之。衆祭司長於此、其意不免誤用焉、彼意彼拉多已助之拘主、又準予審斷、旣順其意於前、亦將善承其意於終。但拘人判案二事、彼拉多分界甚淸、故必具有呈辭、始能辦理。彼亦知衆人妒主（太18）、又三年之內、主之大名、彼拉多諒已風聞之、陰有偏袒右主之心、度彼等蓋不欲明陳之、但云（翰30）主乃作惡者、且聞其所致之辭、知其不欲彼拉多之更問矣。意謂、我等業已判明、祗須準之而已。似此辦理、彼拉多故必不服、卽出言誚之曰、善哉、爾自詢之可已．其意蓋謂、爾等可隨意訊之、至於行事、則不由爾。衆人自覺無術（翰３１）、遂吐露眞情云。吾等無正法之權．於此末句、彼拉多已知其存有惡意。衆人已知非告之不可、遂以三事控主（路２）、卽”誘惑民衆、禁納稅該撒、且自稱爲基督爲王也。“所控三欵、均與羅馬之治權有關、故彼拉多不審而不得。按羅馬律、官遇有案件、非報告大堂不可、然官之審問、可於公堂自訊之、故彼拉多傳主到署。所控雖有三欵、而肯綮惟在第三端、故方伯祗訊此條。觀主覆辭（翰３４）、似問彼曰、爾嘗聞予有誘惑百姓之事乎．繼戒以須自謹防、勿爲人言所惑。彼拉多卽倣傚羅馬之狀態、而覆之曰、”我豈猶太人乎、爾民與諸祭司長、付爾於我．“意謂我不知爾猶太人之小事也、此蓋輕視猶太之意．然耶穌被告、似必有咎過、故繼訊主曰、”爾所爲者何也。“耶穌（翰３６－３７）卽言其國爲何等國、既不屬此世、何以判爲．且引門徒不事爭戰爲憑。彼拉多聞此、深爲佩服．但耶穌自稱有國、故不復訊曰、爾猶太人之王乎、反訊曰、爾究係一王者否。耶穌應之曰“然．予眞理之王也。“言及此、方伯聞之曰、足矣、蓋由道學而起之爭端、彼不屑聽之也．惟因並未犯有猶太人所控三者之罪、故遂退出。觀下所詢、知彼拉多出時、耶穌必中門而立、猶太人既望見之、遂愈以多事控之。（可３、路５）耶穌不答、亦無懼意、彼拉多大奇之、以爲眞理之王不畏死、穆如有君子之風、心遂受感。所幸多事之際、彼拉多聞有加利利三字、因得一推諉之術、蓋加利利有分封之王在焉、卽解耶穌至希律處。彼之如此、固示尊敬希律之意、亦免己之大難也。

百九十九節

耶穌被解至希律處路23:8－12。〇耶穌不答希律之問、與不答彼拉多及該亞法其理正同。又希律視主、如執技藝者然、故主不欲失體統於其前耳。又觀希律前此之待約翰者、耶穌亦不欲辯理狐前、故終不答之。希律怒其不理己也、因戲而侮之。然戲之之間、其不服猶太人控主爲王之意、因而俱見、蓋其視主直一無足理論之細人耳。彼拉多見希律如此、(路15)亦悉其意焉。夫方伯如此尊重希律、故前怨皆釋、又自此至彼往返不費多時、則二署相去當不甚遠也

二百節

彼拉多意欲釋主太27:15－26。可15:6－15。路23:13－25。翰18:39－40。〇從解主至彼拉多以至定案、中間事序、頗難考定。惟知耶穌返自希律時、彼拉多遂傳齊祭司諸首、及衆官員、坐於堂上（太19）。觀其所言、乃定案而思以釋之（路13－16）、故先言希律及己、皆未勘得耶穌犯有應死重罪、如此則責而釋之可矣。按彼拉多此一辦法、其用意之所屬有三。一則思博百姓之悅、蓋數日前、平民多悅主者、故謀倣照常規、爲釋一人。卽耶穌二則思得衆祭司之歡心、蓋彼甚惡主、思見其受苦以爲快。三則免己定無辜人死罪之難。但彼拉多此舉、乃由己見事之淺所致、此其一誤也、蓋如此爲

二百零一節

之、是讓彼出一頭地也。既允責之、衆祭司以爲失之太輕、須改擬重刑處治。○衆民是時、亦祈依例、釋一犯人、彼拉多乘機卽問衆云、"爾欲我釋猶太人之王乎"（可9）、蓋思數日之前、民多悅主、意其必選耶穌也、乃竟有人呼曰、請釋巴拉巴也。彼拉多乃請於此兩人中、自選一人、意民必惟耶穌是擇矣、蓋嫉之者、特衆官員及上流人耳。不意其仍選及巴拉巴也。此彼拉多之又一誤也。蓋諸祭司長、與衆長老、已唆令百姓、祈釋巴拉巴。彼拉多之美意、已無濟矣。巴拉巴者前嘗倡亂、煽惑衆心、求脫羅馬之軛、百姓自必悅之。耶穌反勸衆歸順有權者、使人納稅該撒、自爲衆人所弗悅矣。於此尤見官長之控主、皆昧良之誣告焉。巴拉巴顯干造反之誅、彼等悅之、而求緩天討。主未犯有應得之罪、羣小竟誣以重罪、而置之死地。百姓選所釋時、彼拉多接其夫人之口信、心不自安。聞百姓諠呼巴拉巴名、思得合宜之答辭、卽改問曰、釋彼耶穌奚如。詢問及此、官員前蓄之毒計、至此盡顯。彼拉多不悅所爲、思與辯理（路22）、彼竟褒如充耳、愈呼曰必害之。（據約翰云巴拉巴一巨盜也、而此不以爲重罪者、按約色弗云、彼拉多尚未蒞任之前、有佛婁烏 Florus 先任是職於此。苟爲盜者分贓與之、卽可無事、故爲盜者衆）。

耶穌受鞭刑 太27：27—30。可15：16—19。翰19：1—3。○百姓已選定巴拉巴、彼拉多祇可釋之、仍不欲擬定耶穌之案。按常例宜先定其案、後始鞭責、後此再釘之十字架。但是時方伯思激動衆民之慈心、思民憐而釋之、故竟違常例、遂命鞭責主。此刑在羅馬皇逼教會時尤重、蓋其鞭合皮革之碎條爲之、綴以鉛數小節、或綴以釘與小骨塊、服此刑時、先將人之上衣剝去、又縛其手於矮柱上、使屈腰而受之、甚有未至受釘之處、已爲所斃者、則此刑之酷可知。主之所受較之後此教徒所受爲輕、然在主受之、已爲重刑、居主贖罪之功之一份焉（賽53．5）。鞭訖、卽披其衣、押解方伯署中、又剝去其衣、戲之如歌臺之王、且如猶太人在該亞法署吐唾其身、且以葦擊其首焉。兵之如此待主、非疾視之、蓋主猶太人也、故假此術、以示藐視猶太人之意耳。

二百零二節

彼拉多復思設術以救耶穌（翰19：4—12）。○據馬太馬可所載、似主受鞭後、卽爲兵押解至法場中。覩約翰所記、則彼拉多仍未定案、尚思設法而拯救之。衆仇乃見耶穌血跡、慈念不生、情同野獸、狠心益顯、愈大呼曰、釘之十架。方伯深惡彼等之不慈、故違其意（翰6）意謂爾曹若有權、自行釘之十架可耳、吾不爲是也。猶太人聞此、知其不服所控之三罪、且知其體恤耶穌、不忍加害、故以該亞法之原案控之（翰7）此愚民之所爲、非衆祭司意也。蓋上流之人、皆知羅馬深信諸神、借人形顯世之談。彼拉多聞此、益以恐懼、玩本文愈字之意、知前時已懷懼意。蓋耶穌此堂所顯之狀況、回覆之言辭、迥異常人也、繼聞其夫人之信、前此懼心、至是益厲。其意與希律同、稱主爲義人而釋之矣。猶太人見上官不順所欲、後獲一術、藉以懾之、使之必從、因云、爾果釋彼、卽不忠於該撒。此言有欲控之之勢、使彼拉多當日如迦流等之爲人、時爲帝者、若奧古士督非提庇留者、猶太人烏能以是言而嚇之哉。惟彼拉多之居官、甚懼訪查、而提庇留之爲人、亦易輕信、故彼拉多不敢冒險、遂竟行升堂而定其案云。

二百零三節

彼拉多盥手太27：24—25。○彼拉多此時、自思任用何術、皆屬無濟、且使己冒險。惟示不服、代表此案之不公、是假勢力以害人也、於是盥手衆前。案此乃猶太舊例、夫以外族之人、向猶太人而用是禮、猶太人之心、宜被感矣。何者、顯見虐害無辜、卽羣神教人猶不服也。按猶太傳經、如見死人於壇外、村長必沐手表己無罪（申21：6）。又爲祭司者、爲衆人求　神、恕以色列人之罪、亦云休將無辜之血、歸還民之身。斯時百姓竟覆之曰、”其血歸我、及我子孫。“此言日後果驗、因是後三十年、方伯署前、有耶路撒冷顯者三千六百人、先被鞭責、後釘十架、刑與主同。又此後數年、有太圖者、率兵圍城、取多許十架、懸立城外、每獲猶太人之逃逸者、輒釘於其上云。

二百零四節

彼拉多定案太27：31。可15：20。約19：13—16。○彼拉多惡猶太人之忍也、故藐視之、引耶穌出、坐於堂上、指耶穌而言曰、”試觀爾王。“衆意彼拉多復爲勸之、故又呼曰、”去之去之、釘之十架。“彼拉多卽苦心相問曰、”我釘爾王於十架乎。至是諸祭司長、遂背向　神所立之約、反云、除該撒外、我無王也。在初　神爲以色列王（撒上12：12）。後此之君王、有若其家宰然、代　神掌權、此亦　神與大衛所立之約（撒下7：12）。諸領袖此言、有如甘爲異邦人、後不復詢納稅該撒之可否矣。此以色列人叛　神之末路也。嗚乎、殺人犯上之强盜、已復還而釋之矣。無罪如耶穌、竟舍之而不釋矣、必害死之、殘忍之至。固無惑乎棄　耶和華之王、而奉羅馬皇以爲帝也。

二百零五節

主負十架赴髑髏處（太27：32。可15：21。路23：26－32。翰19：16－17。）○觀約翰十六節、似彼拉多付耶穌於猶太人、解至法場者。但此特言其大勢而已、須知釘主架上、此權仍羅馬兵掌之。彼先剝去其紫袍、披以血衣、徇於街上。照規一人前行、帶有罪狀名牌、（此牌至後同釘木架之上）且聲言所犯之罪焉。每次行刑時、有百夫長、帶兵四名守衛之。按例耶穌宜自負其架、但主自伯大尼以至此時、受苦莫可言狀。再令負此約百有十斤之木架、勢必難勝、故兵遇入城者、強令代爲負之。（傳言是人及其子後皆奉教）按照常規、先遊行街市、以警有衆、然後出城。惟主之遇難、適逢大節、兼恐釀變、大抵不率常規、逕至法場。耶路撒冷之婦女、哀哭於途、非以其爲主、乃悲其將受之苦也。耶穌亦未視之、言宜蓄己目淚、於耶路撒冷遇難時用之。舊約時（何9：14）、人謂不生產者、如受刑。然主言後此不生產者、猶爲有福耳。復言此苦、在有道德者、如森茂之樹、被之尙如是之重。若在無道德者、如枯槁之樹、其重應何如耶。

二百零六節

被釘十字架（太27:33—38。可15:22—27。路23:32—34。翰19:18—24。）〇十字架式、各不相同、主所釘架、既可釘牌、從知亦如常式。或由匠人所作、或樹枝天然生成、皆不可知。中設小座、以防下墜、或免釘者受苦、絕氣甚速。常時受刑者之足、距地僅數寸許。或平置木架於地、先縛或釘人於上、然後立起之。大抵將架樹妥、後乃將人舉縛於上、次釘之以釘。按猶太常例、先以蒙藥與刑犯服之。馬太言及苦膽等物、馬可言和酒以沒藥。大抵蓋爲二事、一爲誚主設之、一欲免其痛楚而難過也。耶穌二次皆不肯受、蓋知其所爲、皆爲贖人之罪設也。（有謂此係一次之事者特名有不同而已）常規服藥之後、即剝其衣、但猶太人每留一衣、或腰所束帶。凡此約翰皆詳記之、蓋約翰常親立其側、錄之以示主果如何而應舊約之預言耳（詩22:18）。主被釘二盜之間、此應以賽亞（53:12）所言。如此列主罪人中、亦甚相宜、因其降生、本爲作諸罪人之友、以救罪人也。其以二人列主左右、此諒彼拉多之見、蓋猶太人無此權也。至此主未嘗言語、但被釘時、或後此、即祈 神恕彼等之罪（路34）。（按主此禱最古之數卷皆未之載但適應聖經之言特新約未之提及而後之錄此者或因口傳而補入之耳）禱文中所賅括者、有方伯及兵丁在內、諒猶太人亦在其中（使3:17）。既釘於架、復釘其牌、所書臘丁文、必彼拉多所書之原文、譯者又譯作希伯來文及希利尼文、蓋令衆知猶太人控主犯有何罪也。繙譯雖不盡同、其大意則同、即"猶太人之王。"（餘者或爲解詞）看護十架之兵、常規宜分

二百零七節

犯人之衣、此羅馬兵不知而應舊約之言也。

耶穌在架被譏太27:39—44。可15:29—32。路23:35—38。○主之被譏、似由所釘之牌而致（翰19:20—22）、過者（太39、可29）見之、報於城中。諸祭司長聞之、知屬險事、故速語彼拉多求改其辭、但彼心已懷不平、非其所願、故仍其舊文、不爲改易。彼等之中、有人急奔至髑髏處、誘人誚之（路35）、蓋恐人以書牌之文、認爲實意也。是日既爲大節期、是時（時約在午前九句鐘）又爲獻祭聖殿之候、祭司等自必迫於殿中事務、不暇來此。且猶太人之往觀此事、又非甚光榮、故祗下流人爲之、祭司等皆無意至於彼處、然地既附近北上之通衢、衆祭司必須謹慎、故亦至倡衆誚主。兵之誚主、或從衆而然、或假耶穌以譏猶太人、皆不可知、惟衆人相譏之言、其要意有四焉。（一）謂主三年前、拆毀聖殿之言。（今正應此彼未之知）（二）謂主自稱爲 神子、“爾若係 神子、”（路22:70）此乃撒但在前用以試主之言、於此復附之。“依賴神者”、（詩22:8）。乃謂主前次所言（三）譏之曰“爾若猶太人王、”此謂主稱爲大衛之子、與拜一入城之榮。（四）曰“彼救他人、不能自救乎、”爲欲人知主之奇能、非自 神而至、故此時受茲違棄 神律之刑、弗能自救也。此外又增一試探、曰“彼若自十架而下、我則信之。”此乃僞辭、蓋未及兩晝夜、主行之奇事、較此尤大、彼等仍不相信也。主受諸多譏誚、而不之答（希12:3）、其犯而不校、亦吾輩所宜做也。

二百零八節

十字架獲赦之强盜路23:39—43。○據馬太馬可所記、似二盜皆譏主者、然路加祇言其一、意者馬太馬可蓋指其大概而言之耳、且一人若己方誚之、安能以己之所行而責其侶乎。知悔之盜明識耶穌之無罪。心蓄此意、忽爲聖靈所引、卽進步甚速。聞他人呼爲 神子、又瞻耶穌之舉止、及其耐心、殆若神然。又書牌之文、稱之爲王、瞻所行作、絕不爲凌辱痛楚之所勝、儼然大君之風度。因思王必有國、中心藏之、願居其國而爲之氓焉。如此其信心、竟於數分時內、發達至使徒地位。耶穌答言、不祇應盜所自求、蓋彼所求者、尙係將來之益、主竟以"今日同在樂園"之語應之。盜得聞此、知不照常須歷一二日始亡、卽日可脫此苦。此主因受苦、所收之第一門徒也。猶太人見此、宜知雖則害主、無妨於人信之。人若仍舊信之、則其道仍可廣傳。此主釘架後、所發之第二語、施其贖罪之權以恤人也。盜聞是言、可以安然而待斃矣。

二百零九節

耶穌託母於其愛徒翰19:25—27。○觀約翰一書一章一節、約翰素日所錄、皆己所見聞。此未錄途中之事、與譏誚之言者、似有別故焉。意彼拉多方定案時、約翰先將此夜之事、報知馬利亞及他婦女、及其返時、適遇耶穌被釘於架、兵分其衣。既知其地、復歸邀馬利亞及他婦女、來訣別之。於此可見約翰之

二百零十節

膽量焉。無論祭司院內、彼拉多前、及十字架下、皆能立待主命、不以主架爲可恥。既有此膽、主因託以險而且榮之事、命之奉養其母焉。時有多女徒同至、皆依近主架、約翰共記有四名、而馬太（27：55—56）與馬可（15：40—41）後祇記有三名、自遠瞻視、其內並無主母、其故在主見馬利亞不勝其憂、而託之約翰、約翰復邀之歸。其餘婦人、因無男子相助、遂退至遠處觀之。此三人者、一爲馬利亞之妹、一爲約西之母、一爲前此多蒙主恩之人。拉撒路之姊妹二人是時未至者、大抵因路較遠、約翰未報以信、故未至耳。自此至耶穌氣絕、約翰祇有三節記之、大抵因與馬利亞入城、迨復至時、而主贖罪之功、已將畢矣。約翰所受之託、乃主在架上之第三語也。

耶穌被釘之時間 可15：25。○主被釘、馬可云第三時、卽午前九句鐘。再後馬太（27：45）、馬可（15：33）、路加（23：44）、並言自第六時至第九時、天皆昏暗。此三福音、人無疑其從猶太記時之規者、故所謂第六時者、午正也。二次所謂第九時者、午後三句鐘也。設祇有首三福音、卽無此疑難、但約翰（19：14）言是日約於第六時、彼拉多云、"觀爾之王。"按猶太歷使第六時果係午正、則馬可已言第三時、釘之於架、約翰何言第六時方定案乎。如將約翰此處之文、譯第六時爲午正、則與馬可無由符合。但原文此字、不必譯爲午正、蓋無午正巳初等名、祇稱第三、第六、第九等時云云。今譯本所以以約翰與馬可不符者、以爲約翰亦按猶太記時之規焉。夫約翰作書、猶太國亡已二十餘年、且約翰又不居聖地、

二百十一節

而在以弗所城、豈有不從小亞西亞人而紀時者乎。其法畧同今時、自夜半子正起算、是則第六時、卽午前六句鐘矣。從見約翰十九章十四節、不當譯作午正、致與馬可無由相符。如順原文爲第六時、（卽今之六句鐘）是時天將曙、既或稍爲近之。或又曰、卽謂爲午前六句、亦有難言、蓋公會待旦時定妥、解主至彼拉多處。是在四句半、自此及六句鐘、其中有限時間、不足辦畢彼拉多與希律等事。又自六句以至九句、第爲備釘於架之用、似不宜費時如許。但思約翰（14）記時、係指彼拉多初坐堂時而言、非指完案以後也。卽如今日、言官於某句鐘時坐堂、此豈指退堂時而言之乎、乃指升堂之始而言之耳。觀此則公會係當四句半時（卽天始明）聚會、會齊而坐堂。准已所定之案、然後解至方伯署內、計時已約至六句鐘矣。再俟方伯畢事、又往返解主於希律處、彼拉多復爲坐堂、極力救護耶穌、後乃議定其案、押赴髑髏處焉、諒已至九句鐘時。似此則約翰與前三福音、並無不符之處矣。

耶穌離世徧地晦冥太27：45—50。可15：33—37。路23：44—46。翰19：28—30。○耶穌釘架、鐘已三句、忽爾徧地晦冥、按此必非日蝕所致、因當日係一望日、此說之非、不待辨而明矣。此 神欲顯其聖怒、而特賜以奇事也。無如與主爲敵之人、不知此乃 神怒彼等之明徵、或誤爲加怒耶穌之顯據耳。至天氣之清明、究在主死之先後、新約未嘗論及。意時在主死之先耳、因統觀三福音、並言九句鐘時、主始辭世也。此晦冥非惟天空如此、卽主心亦然、因功垂畢時、呼曰、”我 神我 神、何遺我耶。“觀所言可知、此乃主受苦最大之時。主前語門徒云、爾輩雖則遠離、我一人在此、亦不至獨居、蓋有父與我同在也。惟至是時、因萬方之罪、咸歸耶穌一身、雖愛己之父、亦掩面而不相顧。耶穌之心、不勝其苦。所謂立側之人、有謂必係羅馬之兵者、蓋儻爲猶太人、固不如此誤會以利亞之名。且耶穌一稱詩二十二:一之言、彼等必立認爲經訓矣。然羅馬兵不知舊約、不能意主呼以利亞名、故知此語、仍係猶太人、謬解主言。此主在架之第四語 至此心中之苦已過、而(翰28)因知諸事已畢、主始顧其肉體之困難云、”我渴矣。“此五次所發之語 在旁之人、有恤之者、浸醋於海絨、置之葦上、使之飲之。似此小惠、人尚不欲施之、因相議云、”待之以觀以利亞之果否來救也“(太49)。此人心雖恤之、自思亦不敢更有所作、卽隨衆言云、”已矣乎、俟以利亞至“(可36)。主嘗此醋、卽大聲宣第六語(翰30、路46)、付其靈於父焉。此時不復曰 神歟、復稱曰父乎者、蓋前此掩面之時期已過、復爲父子如初也。

二百十二節

耶穌死時之神蹟取信於百夫長太27:51—56。可15:38—41。路23:47—49。○按福音所錄第一神蹟、乃殿幔之自上至下、裂分兩半也。必先此者、表有大道存焉。案此幔長約六丈、闊半之、其厚如掌。此大奇事、足駭殿中之祭司、異日(使6:7)信者之衆、或以此歟。聖殿內附近是時、依約色弗猶太傳

二百十三節

經、及教會最古傳言所記、有被毀之預兆。觀約色弗記、殿內之七金燈臺、燈居中者、殿毀前四十年、忽然熄滅。且約色弗及傳經皆云、殿之大門、關閉如故、竟忽然自外開啓、人遂聞殿中有聲、如有人外出者然。凡此諒與福音所記、大同小異、或因人傳而各異耳。耶穌既絕氣於三句鐘後、此正祭司於午後、如撒加利亞、自金壇退出之時。同時地亦大震、因而古墓多自開啓、惟其中聖徒、非當時遂出墓中、乃在主復活後也、蓋主此事、亦即已死者復活之初果（哥前15：23）。至此遂有多人悔過、撫膺悲悼、返於城中。百夫長之言、卽明己亦相信、言此乃義人、亦委係神子。但馬可所記百夫長之言、非因地震、始發此言、乃得之目睹、深有感於耶穌之如何而死耳。觀主釘十架未死之先一猶太人信之即强盜也既死之後一異邦人信之卽百夫長也卽保羅所言將兩族之寃讐泯於十字架之第一效果其因較小之事而信主言者則已有百夫長矣

兵以刃刺主肋下（翰19：31—37）。○按律（申21：23）、屍身在當日之夜、卽宜取下惟因兩盜氣息未絕、明晨卽係安息日、欲令早斃、故斷其脛骨、如是、則當日卽可取下矣。若欲速其死、須以刃刺之、然人以爲如此使之速斃、不足以蔽其辜、故更斷折其脛骨以補之、然後剸之以刃焉。驗至主時、見氣已絕、故但刺肋下、遂驗舊約三預言焉。一逾越節羔羊（出12：46）、一骨不曾斷折、兼應大衛（詩34：20）論主之預言。二應主將如何死，衆將視其所刺者"（亞12：10）此乃雙關之預言、先應於此時、後將

再應於主之二次降臨時。三應詩十六：十“不使爾聖者見腐”之言、蓋主死甫三句鐘耳、心中血液、時尚未凝。約翰言之（35）、爲甚奇之事、於其一書五：六旋又言之、且云得之親見。知主死時、約翰業已返回、候之架側、直至死後焉。意者蓋待取主體而葬之耳。

二百十四節

殯葬耶穌太27：57—61。可15：42—47。路23：50—56。翰19：38—42。○按猶太律、死犯不得葬入祖塋、乃別葬於諸犯人之墓所、葬主於此、亦必官長所樂爲也、但人之所謀與事之所就、往往相反、官長思害主、並嚇人不敢相信、不意彼等中有名約瑟者、主生時雖已信之、然不敢卽從。迨主已死、竟放膽求屍於彼拉多焉。其知主之死、或因約翰告知、或因託人代觀、故彼之知、較早於官長耳。而衆仇未知主死、觀其求彼拉多損折主之脛骨可見也。約瑟來時、彼拉多於主之死、亦有疑意、以爲自請命折骨、至此、不足斃命、故召百夫長問之、始敢以主屍與之。時來此者、非惟約瑟前時俟晚而詣主之尼哥底母、今不待晚、早臨榮主。此二官員、前時已暗作主徒、在遙望之諸婦、必不能曉。第知有二貴人、與主增光、並留意墓所、及屍身之葬埋耳。其餘門徒、均未在、蓋主於是時、絕氣之惡耗、諒約翰已報知馬利亞矣。至主所葬處、祇知地在約瑟園中、附近顱髏處、今不敢確定此園之坐落 此應先知賽53：9）之言。二官之謀及此、後改葬他處與否、未知其詳、但觀約翰（42）之言、大抵暫殯此處耳。卽觀維時婦女、欲敷如許之香料、亦不以爲葬事之已畢也。爾時日已近晚、日一暮、卽爲安息日、故約瑟及尼哥底母未遑按規葬之、祇每裹布一層、輒敷香料一次、好生束裹屍身、免其腐壞而已。香料雖敷、所用婦女既逾安息、晚備妥復至、此欲致其愛心耳。自其行作、見保羅哥林多前十三：十三之言不謬矣。墓之所在今不確知大率在今之聖墓教堂之地耳

二百十五節 祭司長及法利賽人封閉主墓太27：62—66。○主徒（路23：56）雖按誡命恪守安息、法利賽人與諸祭司長不然。初、彼等未思及主體、爲約瑟可於架取下、然事由方伯、彼等亦無可如何。惟業知墓所、故求封之。卽此一事、彌見其僞、前此控主觸犯安息、謀斃其命、至此已復尤而效之、豈理也哉。至封閉之時、必在婦女去後、因翌日侵晨再至時、望人爲之轉石開門、苟知暮已封閉、當不復作是想矣。蓋其上鈐有方伯之印記、人莫敢揭而啟之也。觀衆祭司之行事、顯見耶穌之復活、原爲彼等所不信、儻使信之、應知封閉其墓、派兵嚴守、皆屬無益矣。彼惟聞主言將復甦、恐其門徒爲欲成其夫子之言而移去之、故求封之也。

拜六

二百十六節 使徒復聚○耶穌既殯、十一使徒雖不信主復活（翰20：9）、仍信其爲彌賽亞、故仍相守而不散。或謂主二番降臨甚邇、或思主如何而死之言皆驗、凡此皆主爲彌賽亞之據、因悉依主言、遂事應之。非惟十

一使徒信之、即約瑟尼哥底母及諸婦女、亦皆信之、因主一聖潔無疵之人、彼此來往三年之久、常見所言所行、知非欺人、亦非自迷。所未慮及者、主身誠能復活、但望主如以利亞摩西之出現、不知主身之誠然復活也、惟蓄此成見、故使徒終不分離、仍羣居而相候耳。

附註　自主之既葬、以至復活、此三十六小時中、聖書所記無多、今列如下、一拜五日未落之先、來自加利利之婦女、先購香料。二拜六（即猶太安息日）封主之墓、又派兵護守。三是日之暮、復購香料、因日已沒、即不復爲安息也。

二百十七節

拜日

救主復活太28：1—15。可16：1—11。路23：56—24：12。翰20：1—18。○婦人欲至主墓、起身時雖已昧爽、然天色尚暗（翰1）、未至之先、近墓之地大震、天使降下、開墓門而坐、守墓者見此情形、皆懼甚、奔避城內焉。（守墓兵所報之信至遮司聽馬特耳時約在主死後百三十年至百六十六年爲羅馬城之猶太人所篤信）至此之婦人、約翰惟記抹大拉之馬利亞、然詳參二節吾儕二字、知非一人矣。又觀馬可十六：三、婦人方在途、未至於墓之時、心中尚自作難、未知何以進墓、將至墓前、見墓已啓矣。觀其景況、似抹大拉之馬利亞、並未更行而前、復返尋彼得與約翰焉（翰2）。餘人復前行、入內見有天使（可5）、言主已復活、且令因告主徒。婦人去後、未幾約翰彼得尋亦奔至（翰3—10）。約翰年少先至。俟彼得來至、約翰始入、雖未見天使、亦未遇餘三婦人、但見枲布及裹首之巾、遂轉念相信（信主已復活）（8）。兩人返自墓所、彼得必往告餘九使徒。約翰大抵赴訴主母。去後抹大拉之馬利亞來至、立門外而哭、及俯首內顧、見有二天使焉。天使遂問何以哭爲、馬利亞既告所以、卽反身欲行、忽見主立於前（翰14）、此主首次顯身。言畢、命之告知其餘使徒。馬利亞未至時、主於途中、復於餘婦女前顯之、亦命之告十一使徒、無奈使徒並不相信。最後馬利亞來至、又告之焉。觀此知約翰當時、未與他人同處、因約翰（8）已相信也。此主顯見之第二次。若論上所云主之顯見、人之爲難者有四。一據馬太（8）所言、婦人“懼且大喜”、“馬可（8）”言婦人自墓而奔、戰栗驚駭、亦不告人、懼故也。夫人時有所懼、時或轉爲喜、亦非不能之事、其懼之者、因此乃自古未有之事、且未知主將藉此、以行何事耳。但復活者、既爲所愛之主、自必喜甚。其不告人者、特不告在途所遇之人、非言並其門徒亦不告之也。二不準馬利亞捫之、非言捫之卽犯有何罪、因過此未幾、卽許他婦人抱持其足也。（此處捫字兼有抱之之意）主如此命馬利亞大意、卽不可在此稽延、因己尚未升至父所、仍有可見之機、乃欲其告知使徒也。合而言之、卽謂不可但知謀己、亦當謀及他人。主（翰17）對於馬利亞之言甚爲適宜、蓋彼一言於門徒、門徒卽識爲主、於拜四之晚、所告之言（翰16—28）。衆徒雖有此據、惟終不信馬利亞所言也。三地震他書未錄、然此不足爲其無有之據、蓋所言之地震、第指葬主之地而言、若各處皆然、使徒必先知之、而親之墓所、視其何如矣。四據馬可云婦女至時、日已東升（2）、按約翰（1）所記、天色尚暗、似二福音所記各殊者、然思馬利亞雖於天尚暗時起身、及俟婦女咸集、香料備妥、且行至墓所、卽日已出、亦事之所有、而不足爲奇矣。按歷法推之知之當日於彼緯度日出午前五小時三十七分黎明時爲四點二十八分若婦女輩於此時起行即與馬太約翰所言適符矣

二百十八節

安息日午後可16：12、14。路24：13—43。翰20：19—23。〇安息日午後、門徒二人將赴以馬迕斯、途中彼此互論耶穌之死、併以後之奇事、倏有一人追及、先與請安、然後排解其疑難。此見人如誠求眞理究論基督之事耶穌必將啟示之俄而將至所適之村、二人聞之未饜、欲罷不能、願留之而請教焉。談言之頃、日已將暮、又云日且入矣、請與吾偕宿焉。如此強之、主雖似仍欲前行、然未嘗不欲與人相偕。後於坐食之頃、客忽變爲主人、既爲二人所識之後、卽忽不見。二人是時、未暇得食、立卽速返、欲以告之使徒、甫入室門、未及陳訴、餘人已告彼曰、彼得已亦見主（哥前15：5）、二門徒因詳述所遇。詳此情狀諒甫離二徒之後旋復顯見於彼得使之見之也議論之間（路36）主忽入內、衆皆驚懼、以爲其魂復見也。既意所見非實體而爲幻體、主卽使之自行驗視、示知委係實體、且非惟實體而已、仍係前此之故體焉。至此門徒喜而難信、故耶穌卽進食

其前、一如常時、使知雖誠爲　神、實亦人耳。繼與以(太16:19)所許之權能、且賜之聖靈。是非謂門徒、前此並未受有聖靈、蓋彼得識爲基督時、已被有聖靈之啓迪矣。亦非爲行奇事、蓋此權能、前此已有。亦非爲得方言之能、亦非爲主得宣道之妙、因此屬於五旬節、始賜於人之恩賜也。其爲此者、乃將以踐拜四之言(翰14:16.26)故耳。彼時主已許之與以聖靈、使之得其安慰、且施以訓誨。此後門徒之心、果得安慰、亦明主訓及聖經焉。至約翰二十:二十一所錄、耶穌與以平安、計凡二次、此有故在焉。一使知確係故吾、平其恐惶、二使彼等寬心、前雖離主逃避、主仍以門徒視之、至此時使徒因懼猶太人而閉之門者、此非爲當時官長、已顯有迫害之勢、大抵因祭司傳言、聲稱使徒竊去主體、故不得不預防之耳。

二百十九節

主復活後八日之顯見(翰20:24—29)。○多馬雖不信主復活、亦不與他人相離、而使徒仍列之額內、可見其所不信者、卽他人言見已葬於墓之軀體也。其蓄此疑念、或衆徒因此未從主命、立回加利利焉。夫使徒日後大功、在宣揚耶穌之爲贖罪祭、已爲　神所悅納、自必因其復活、以爲悅納之據、若不信此、何能宣揚此道乎。多馬既不信、故主爲之復顯。多馬相信、雖在他人之後、及其一信、已居他人之先、非惟依之爲主、且稱之爲　神。耶穌戒以必見其體、始能相信、繼言第九福云、不待親見而能信者、更爲有福矣。

二百二十節

主於加利利湖濱之顯見（翰21:1—24。）◯觀約翰二十：三十、三十一、可知此乃總結之文。因昔年教會傳言約翰將來不死、故至末附綴一章、詳敘其情形、令衆知此言之所由起焉。迨逾第二聖日之後、門徒自耶路撒冷返於加利利、而候主之誨焉。網獲多魚之奇蹟、與初召門徒時、所行畧同。約翰見此奇事、卽知湖岸立者爲誰、而彼得之躁性復生（7）。此主顯於大衆之第三次（14）、非云顯見計共三次、乃顯見於衆之第三番耳。衆飲食訖、仍有一事、藉復彼得舊職焉。主爲此、卽假彼得（太26:33）自誇之言。其首次之問（15）、乃指彼得自誇較勝於衆之言。惟此時彼得不敢言愛心勝於他人、第言“爾知我愛爾矣”。自耶穌之覆言、見愛主之人、宜學忍耐溫柔形式。主二次所問、未詢其愛比他人何如、逕詢其愛心如何。自主所命（16）、可見其欲人知教牧之職、不但備羔羊之食、兼爲全羣之牧焉。彼得之不認主、計有三次、主於此、亦令三次識己。思上所言、主雖言及牧養教會之職、但大事卽在能豢養之、故言牧之者一、食之者再。至此言似已足、但觀下數節、卽知彼得雖則愛主、仍不甚曉愛主之眞心、將引之何地。故主（18）示知後所將歷、較不認主之夜、更爲危險。彼得聞此、卽知前日自誇之辭（翰13:37）、將驗之己身。再觀二十節、主命彼得稍離衆人、謂右一切之言。惟約翰從之、彼得見之、意似相嫉、似欲急知主將如何安置未知是誠何心者。但彼得此問、無論出於何心、主卽應以大意曰、我之如何安置他人、與爾無關、卽令約翰常存、以至我二次降臨、亦無關於爾之事也。

二百二一節 主於加利利山之顯見太28:16—20。哥前15:6。可16:15—18。○約翰二十一:十四既爲主顯於衆之第三次、前在耶路撒冷已有二次、則於山之顯、乃在三次顯見以後、此次主生時所言、天使(可16:7)亦嘗言及焉、可見此次乃顯見之最要者。主於是時、語以布道於天下。有謂馬太於十一使徒外、未嘗言及他人、而所言不與哥林多前十五:六同出一時、蓋彼處言當時見主之人、有五白餘人之多也、然觀馬太十七節、仍有疑者之語、知其時在目前者、不惟有十一使徒矣。

二百二二節 救主升天可16:19、20。路24:44—53。使1:1—12。○按保羅所記、主在山顯見之後、復顯與雅各見之。考使徒雅各之遇害、在保羅此時。前二十餘年矣故保羅所言、大抵爲耶路撒冷之教牧主之弟雅各也。主之爲彼顯見、或緣其信主、同列信徒之班而然(使14)。此四旬內、路加(使3)言主假多據顯與門徒、且訓誨之。夫有主復活諸多證據、而福音僅登數端、可知當年事實、未嘗悉錄於書矣。至若主復活後、使徒歷時幾何、始往加利利、聖書未載、大抵於多馬見主之後、不久(或作次日)卽遵主命而往加利利也。主之顯見、多在故鄉、及返耶路撒冷、則在升天之先、僅數日耳。四旬之內、他人未覩(翰14

:19）、卽與門徒一路相偕、彼亦未必能常見也。衆使徒及如許門徒、其自加利利而歸於聖京、未載新約、然必有主之指示焉。主亦未示以其故、因是衆皆有所希望云（使6）。然主之使之復回、則非爲此、蓋欲立新教於耶路撒冷耳。諸功既畢、主遂率衆出城、至與伯大尼相對之山、爲衆祝之、正祝之時、遂與衆別、復以天上之榮、升入在上之耶路撒冷焉。夫而後塵世之和散那、變而爲天上之和散那、詩二十四、七至十節之言驗矣、蓋主舍其身、滌淨吾儕之罪、用是遂陟於皇矣上帝之右也。此後卽使徒史記所託始

二百十三節

經、及教會最古傳言所記、有被毀之預兆。觀約色弗記、殿內之七金燈臺、燈居中者、殿毀前四十年、忽然熄滅。且約色弗及傳經皆云、殿之大門、關閉如故、竟忽然自外開啓、人遂聞殿中有聲、如有人外出者然。凡此諒與福音所記、大同小異、或因人傳而各異耳。耶穌既絕氣於三句鐘後、此正祭司於午後、如撒加利亞、自金壇退出之時。同時地亦大震、因而古墓多自開啓、惟其中聖徒、非當時遂出墓中、乃在主復活後也、蓋主此事、亦即已死者復活之初果（哥前15：23）。至此遂有多人悔過、撫膺悲悼、返於城中。白夫長之言、即明己亦相信、言此乃義人、亦委係神子。但馬可所記百夫長之言、非因地震、始發此言、乃得之目睹、深有感於耶穌之如何而死耳。觀主釘十架未死之先一猶太人信之即強盜也既死之後一異邦人信之即百夫長也即保羅所言將兩族之寃讐泯於十字架之第一效果其因較小之事而信主言者則已有百夫長矣

兵以刃刺主肋下（翰19：31—37）。○按律（申21：23）、屍身在當日之夜、即宜取下、惟因兩盜氣息未絕、明晨即係安息日、欲令早斃、故斷其脛骨、如是則當日即可取下矣。若欲速其死、須以刃刺之、然人以為如此使之速斃、不足以蔽其辜、故更斷折其脛骨以補之、然後剸之以刃焉。驗至主時、見氣已絕、故但刺肋下、遂驗舊約三預言焉。一逾越節羔羊（出12：46）、一骨不得斷折、兼應大衛（詩34：20）論主之預言。二應主將如何死，"衆將視其所刺者"（亞12：10）。此乃雙關之預言、先應於此時、後將

再應於主之二次降臨時。三應詩十六：十”不使爾聖者見腐“之言、蓋主死甫三句鐘耳、心中血液、時尚未凝、約翰言之（35）、爲甚奇之事、於其一書五：六旋又言之、且云得之親見。知主死時、約翰業已返回、候之架側、直至死後、焉意者蓋待取主體而葬之耳。

二百十四節

殯葬耶穌 太27：57—61。可15：42—47。路23：50—56。翰19：38—42。○按猶太律、死犯不得葬入祖塋、乃別葬於諸犯人之墓所、葬主於此、亦必官長所樂爲也、但人之所謀與事之所就、往往相反、官長思害主、並嚇人不敢相信、不意彼等中有名約瑟者、主生時雖已信之、然不敢即從、迨主已死、竟放膽求屍於彼拉多焉、其知主之死、或因約翰告知、或因託人代觀、故彼之知、較早於官長耳、而衆仇未知主死、觀其求彼拉多損折主之脛骨可見也。約瑟來時、彼拉多於主之死、亦有疑意、以爲自請命折骨、至此、不足斃命、故召百夫長問之、始敢以主屍與之。時來此者、非惟約瑟、前時俟晚而詣主之尼哥底母、今不待晚、早臨榮主、此二官員、前時已暗作主徒、在遙望之諸婦、必不能曉、第知有二貴人、與主增光、並留意墓所及屍身之葬埋耳。其餘門徒、均未在、蓋主於是時、絕氣之惡耗、諒約翰已報知馬利亞矣。至主所葬處、祇知地在約瑟園中附近顯顯處、今不敢確定此園之坐落 此應先知（賽53：9）之言。二官之謀及此後改葬他處與否、未知其詳、但觀約翰（42）之言、大抵暫殯此處耳。即觀維時婦女、欲敷如許之香料、亦

78—70 女王亞力山對立

亞力山對崩其二子赫喀奴第二與阿利他布路第二爭權阿利他

70 布路獲勝得王及大祭司之權以東人安提帕底 Antipater 助赫喀奴爭之

70—63 阿利他布路第二立爲王 國亂

第五段

主前63至主後70年

爲羅馬屬國

63 赫喀奴與阿利他布路第二求判於判培 Pompey 判培助赫喀奴與安提帕底且同破耶路撒冷

63—40 赫喀奴第二

47 該撒猶留派安提帕底爲猶太方伯赫喀奴爲分封王及大祭司實則安提帕底操其權安君派其子希律爲加利利方伯

40 羅馬議院推封希律爲猶太王

37　阿利他布路第二之子安替勾奴 Antigonus 敗於希律希律破耶路撒冷而實爲猶太王至此瑪喀比朝滅以土買（舊名以東）朝掌權

4　希律死三子分其國

主後6　流猶太分封王亞基老羅馬派方伯駐節猶太猶太爲羅馬屬省

34　以土利亞等處之分封王腓力卒地歸敘利亞省

37　羅馬帝將腓力及呂撒聶前所轄之地併入希律亞基帕第一稱爲王

39　希律安提帕（即主所稱之狐） Herod Antipas 革職充軍羅馬帝將其地併於亞基帕

41　猶太省亦併於亞基帕於是聖地皆入於希律之家矣

44　亞基帕第一卒聖地皆隸於羅馬方伯由敘總督節制

53　亞基帕第二收腓力及呂撒聶前時所治地後羅馬帝增以加利利比利亞二省之北段南段仍歸方伯治之

66—73 猶太人叛羅馬

70 耶路撒冷被滅於太圖

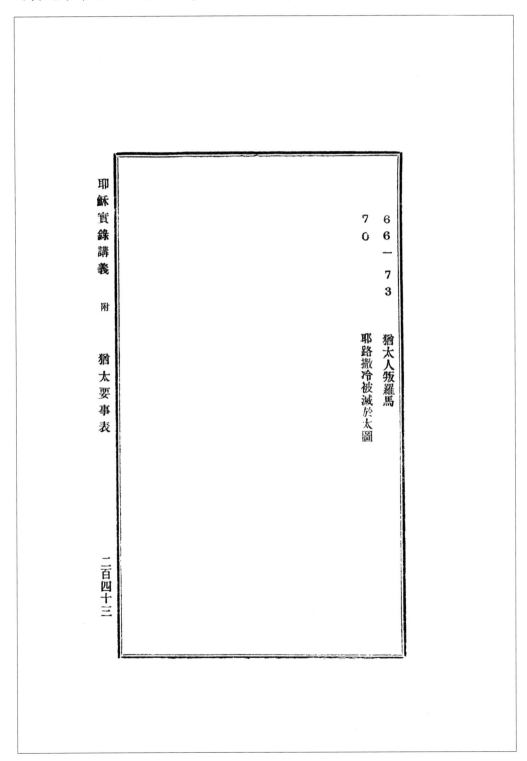

耶穌實錄講義　附　猶太要事表　二百四十四

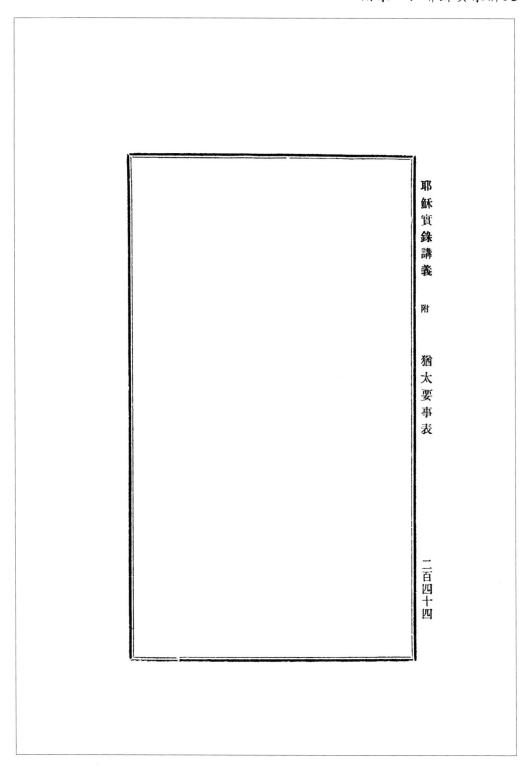

聖地分治表

自希律即位至猶太背羅馬

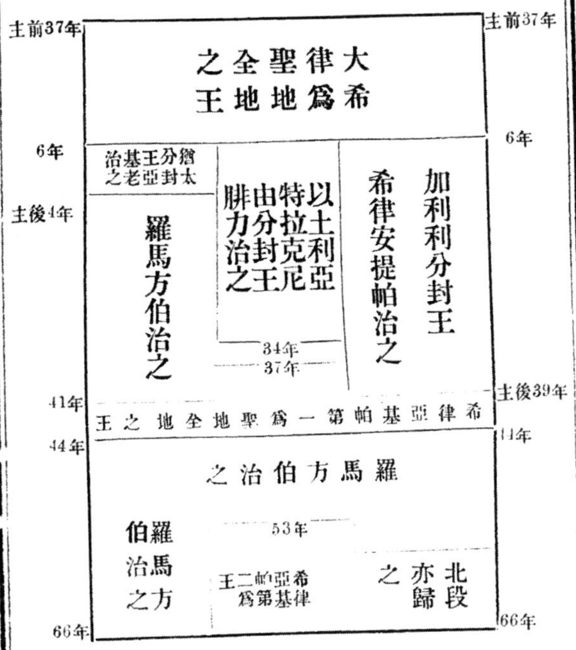

此表所列爲希律家之要人按希律共有十妻而子女不計其數表中之記有 a 字者皆爲希律所自戕表中有橫畫者皆爲王或有分封王之位者

希律家姓氏表

大希律 太二

Doris	豆麗	Antipater	a 安提帕底				
Cleopatra	盔幼帕他	Philip	腓力 路三				
Mariamne	a 馬利亞尼 瑪喀比人	Aristobulus	a 阿利他布利	Herod Agrippa I	希律亞基帕第一 使十二	Herod Agrippa II	亞基帕第二 使二十五
Mariamne	馬利亞尼	Alexander	a 亞力山大	Herodias	希律 太十四	Salome	撒羅米 太十四
Malthace	馬腓斯 撒馬利亞人	Philip	腓力 太十四				
		Herod Antipas	希律安提帕 路三十三 二十三				
		Archelaus	亞基老 太二				

耶穌實錄講義　附　猶太要事表

聖地分治表

自希律即位至猶太背羅馬

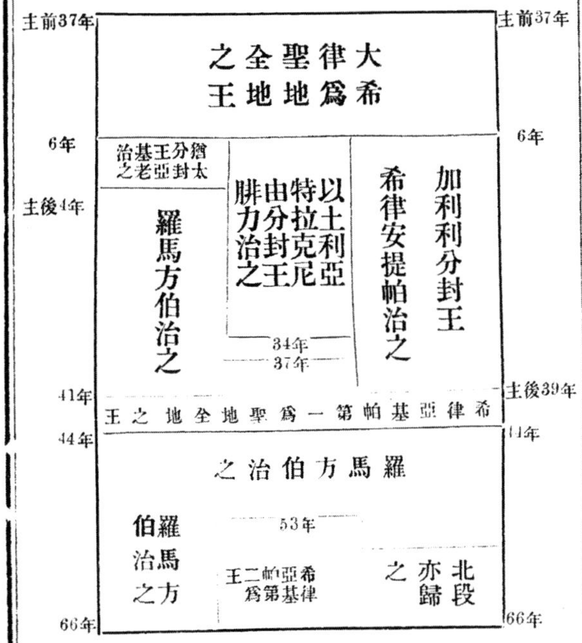

二百四十五

此表所列爲希律家之要人按希律共有十妻而子女不計其數表中之記有 a 字者皆爲希律所自狀表中有橫畫者皆爲王或有分封王之位者

希律家姓氏表

大希律 太二

Doris 豆麗　Antipater a 安提帕底

Cleopatra 簽劫帕他　Philip 腓力 路三

Mariamne a 馬利亞尼 瑪喀比人　Aristobulus a 阿利他布利　Herod Agrippa I 希律亞基帕第一 使十二　Herod Agrippa II 亞基帕第二 使二十五

Mariamne 馬利亞尼　Alexander a 亞力山大　Herodias 希律 太十四　Salome 撒羅米 太十四

Malthace 馬勒斯 撒馬利亞人　Philip 腓力 太十四

Herod Antipas 希律安提帕 路三十三 二十三

Archelaus 亞基老 太二